KAPITÄN SCHRÖDER UND DIE IRRFAHRT DER ST. LOUIS

DER LETZTE SCHREI AUF DEM ATLANTIK:
IN DEN 1920ER JAHREN WARB DIE
HAMBURGER REEDEREI HAPAG FÜR DIE
GRÖSSTEN DEUTSCHEN MOTORSCHIFFE,
DIE ST. LOUIS UND IHR SCHWESTERSCHIFF
MILWAUKEE.

„ST. LOUIS"
und „MILWAUKEE"
Die grössten deutschen Motor-Schiffe
ANTON HAMBURG
HAMBURG-AMERIKA
LINIE

STEFAN LIPSKY · MANFRED UHLIG · JÜRGEN GLAEVECKE

KAPITÄN SCHRÖDER und die IRRFAHRT der ST. LOUIS

Mittler

Ein Gesamtverzeichnis der lieferbaren Titel schicken wir Ihnen gerne zu.
Bitte senden Sie eine E-Mail mit Ihrer Adresse an vertrieb@koehler-books.de
Sie finden uns auch im Internet unter www.mittler-books.de

Bibliografische Information der Deutschen Nationalbibliothek
Die Deutsche Nationalbibliothek verzeichnet diese Publikation in der Deutschen Nationalbibliografie; detaillierte bibliografische Daten sind im Internet über http://dnb.d-nb.de abrufbar.

ISBN 978-3-8132-0995-2

im Maximilian Verlag GmbH & Co. KG
Ein Unternehmen der TAMMMEDIA

Gestaltung: Marisa Tippe, Hamburg
Printed in Europe

INHALT

GEMIETETE BARKASSEN MIT VERWANDTEN UND FREUNDEN DER PASSAGIERE UMKREISEN IM HAFEN VON HAVANNA DIE ST. LOUIS.

➢ 27. MAI 1939, PFINGSTEN, VIER UHR MORGENS, HAVANNA, KUBA

Bewaffnete Polizisten blockieren die Gangway. Sie lassen keinen Passagier der St. Louis von Bord gehen. Auf dem Hamburger Passagierschiff bangen 937 jüdische Emigranten, dazu 373 Mann Besatzung und Kapitän Gustav Schröder, 54 Jahre alt.

Niemand weiß, was geschehen wird, Gerüchte machen die Runde. Im Schiff wird es langsam heiß, das Thermometer zeigt bereits über 35 Grad. Der Kampf von Kapitän Gustav Schröder

DICHTGEDRÄNGT STEHEN MÄNNER, FRAUEN UND KINDER AN DER RELING DER ST. LOUIS UND WARTEN DARAUF, VON BORD GEHEN ZU DÜRFEN.

gegen die kubanische Bürokratie beginnt. Vergeblich versucht er, den kubanischen Präsidenten umzustimmen, erwägt sogar eine Klage gegen ihn.

Um das Schiff kreisen die ersten Barkassen. Verwandte und Freunde der Passagiere haben sie gechartert, um so dicht wie möglich an das Schiff heranzukommen. Es wird gewunken, gerufen. Kleine Päckchen werden von oben auf die Barkassen geworfen. Nicht wenige denken daran, einfach über Bord zu springen. Die Nerven liegen blank. Ein Passagier versucht, Selbstmord zu begehen.

Da erhält der Kapitän von den Kubanern die Aufforderung, den Hafen zu verlassen – die Irrfahrt der St. Louis beginnt.

➢ FRÜHJAHR 2016, HAMBURG

Auf dem Dachboden einer Hamburger Villa wird eine Seekiste entdeckt – mit dem Vermächtnis von ebenjenem Gustav Schröder. Einem Mann, der einerseits Nationalsozialist der ersten Stunde ist, der andererseits die jüdischen Passagiere der St. Louis mit großer Zuvorkommenheit behandeln lässt und alles dafür tut, dass sie nicht nach Deutschland zurückkehren müssen. Den seine Menschlichkeit und Weitsicht sowie sein seemännisches Können zu einem Helden werden lassen.

Diese Tat bleibt bis zum heutigen Tag unvergessen:

An den Hamburger St. Pauli-Landungsbrücken erinnert eine Gedenktafel an die große Fahrt von Kapitän Gustav Schröder. In Hamburg hat man eine Straße und einen Park nach ihm benannt. In Deutschland wird er mit dem Bundesverdienstkreuz geehrt. In Israel zählt er zu den »Gerechten unter den Völkern«.

Hamburg, im Juni 2019

DIE SCHMUCKLOSE SEEKISTE VON GUSTAV SCHRÖDER MIT IHREM GEHEIMNISVOLLEN INHALT.

GUSTAV SCHRÖDER – VOM LEICHT-MATROSEN ZUM KAPITÄN

Will man das Leben und Handeln von Gustav Schröder verstehen, muss man einen Blick in die 1880er Jahre werfen. In dieser Zeit werden zwei Männer geboren, die sich in ihrem Leben nie begegnen werden. Der eine wird Hunderte Juden retten, der andere wird Juden massenhaft vernichten lassen.

➢ ZEICHEN EINER NEUEN ZEIT

Gustav Schröder wird 1885 in Hadersleben geboren. Er beschließt bereits im Frühjahr 1902, als sechzehnjähriger Schüler, seine gymnasiale Karriere aufzugeben und Seemann zu werden.

Der andere, Adolf Hitler, kommt vier Jahre später, 1889, in Braunau am Inn zur Welt. Er wächst in schwierigen familiären Verhältnissen auf, hat in der Schule erhebliche Probleme. 1906 beschließt er, Kunstmaler zu werden.

Es sind bewegte Zeiten. Noch herrschen Monarchien in Europa. Doch die Zeichen einer neuen Zeit ziehen herauf.

Deutschlands junger Kaiser Wilhelm II. besteigt 1888 den Thron und beginnt, seine Flotte gegen Großbritannien und Frankreich aufzurüsten; der Matrosenanzug wird das Kleidungsstück der Epoche.

Die k. u. k. Donaumonarchie von Österreich und Ungarn wird von Kaiser Franz Joseph I. geführt. Mit einer Regierungszeit von nahezu 68 Jahren wird er jeden Regenten seines Reiches übertreffen. Doch in seinem Vielvölkerstaat brodelt es, herrscht Unruhe.

Der russische Zar Nikolaus II. hat bereits 1905 eine erste Revolution im Land politisch überlebt, löst das gegen seinen Willen eingesetzte Parlament aber baldmöglichst wieder auf. Zwischen St. Petersburg und Moskau geht danach alles wieder seinen trügerischen, monarchischen Gang.

Nach dem Ersten Weltkrieg und dem Versailler Vertrag, der von vielen in Deutschland als »Diktat« empfunden wird, sieht die europäische Landkarte verändert aus. Die politischen Verhältnisse in Deutschland sind instabil.

➢ AUFSTIEG UND FALL

Am 24. Februar 1920, einem ungemütlichen Wintertag, geschieht etwas, das für Millionen von Menschen, damit auch für Gustav Schröder, von großer Bedeutung werden wird. Im Münchner Hofbräuhaus wird die »Deutsche Arbeiterpartei« öffentlich in »Nationalsozialistische Deutsche Arbeiterpartei« (NSDAP) umbenannt – eine nationalistische, antidemokratische und antisemitische Splittergruppe versucht damit, mehrheitsfähig zu werden. Einer der Kernpunkte des neuen 25-Punkte-Programms der Partei: »Der Entzug der Staatsbürgerschaft von Juden«. Parteivorsitzender wird im Juli 1921 Adolf Hitler, dessen »Karriere« Gustav Schröder noch in eine äußerst schwierige Lage bringen wird.

Hitlers weitere Entwicklung: 1925 macht er mit seiner zweibändigen Schrift »Mein Kampf« (Gesamtauflage bis 1945: rund elf Millionen Exemplare) jedermann in Deutschland die antisemitische und rassistische Ideologie seiner Partei deutlich. Acht Jahre später, am 30. Januar 1933, wird er deutscher Reichskanzler (»Machtergreifung«). Am 30. April 1945, gegen 15.30 Uhr, erschießt sich der »Führer« im Bunker der Berliner Reichskanzlei.

➢ DER WENDEPUNKT

Der Wendepunkt in Gustav Schröders Leben liegt im Mai 1939: Kurz vor Ausbruch des Zweiten Weltkriegs gelingt es ihm, das Passagierschiff St. Louis mit jüdischen Emigranten trotz schwierigster Umstände auf einer Reise nach

DIE SCHRÖDERS IN HADERSLEBEN – GUSTAV SCHRÖDER IST DER ZWEITE VON RECHTS.

Kuba und zurück nach Europa vor den Nationalsozialisten in Deutschland zu retten.

Was waren Schröders Beweggründe? Warum hätte er, das eingeschriebene NSDAP-Parteimitglied, vielleicht sogar sein Schiff geopfert, um die Menschen an Bord der St. Louis in ein sicheres Land zu bringen? Warum stellt Gustav Schröder seine Menschlichkeit über die Ideologie seiner Partei?

Dass er Mitglied der Partei war, steht außer Frage. Seine Mitgliedsbescheinigung ist erhalten; stolz präsentiert er sich auf einem Foto im Kreis seiner männlichen Verwandten – alle mit dem Parteiabzeichen am Revers. Wieso wurde er, der welterfahrene Seemann, Mitglied einer Partei, die offen eine rassistische und nationalistische Ideologie propagierte? Die Quellenlage ist dürftig, wir müssen spekulieren.

➢ ZWEI VERMUTUNGEN

Zum einen stammt er aus einer deutschen Familie, die in Hadersleben wohnt und arbeitet. Einer Stadt, die nach den im Versailler Vertrag festgelegten Volksabstimmungen 1920 zusammen mit ganz Nordschleswig, einem etwa 70 Kilometer breiten Landstreifen nördlich von Flensburg, an Dänemark geht. Damit entsteht eine etwa 30.000 Menschen umfassende deutsche Minderheit im Königreich. Diese empfindet die neue Grenze als »ungerecht«, unter anderem auch wegen der in starre Zonen eingeteilten Abstimmungsgebiete. So votieren zum Beispiel die Bewohner der Stadt Tondern an der Westküste zu drei Vierteln für den Verbleib bei Deutschland, der Ort wird aber Dänemark zugeschlagen.

Für die Menschen ist dies ein schwerer Einschnitt in ihrem Leben. Plötzlich leben sie in einem anderen Land, mit einer anderen Sprache und anderen Gesetzen. Alte Wirtschaftsverbindungen sind unterbrochen, die Weltwirtschaftskrise von 1929 verschärft die Lage. Schon bald nach 1933 wird die DNSAP, die Dänische Nationalsozialistische Arbeiterpartei, gegründet. Viele Mitglieder der deutschen Minderheit erwarten Unterstützung von den Nationalsozialisten. Sie wollen eine Revision der »Versailler Grenze«. Doch Berlin erkennt die neue Grenze zwar einerseits nicht an, hält andererseits aber zunächst still, in der Hoffnung, sich so den skandinavischen Ländern außenpolitisch annähern zu können. So sind die Nationalsozialisten vermutlich auch für die Familie Schröder die große Hoffnung auf eine bessere Zukunft.

Der andere Beweggrund für seine Parteimitgliedschaft mag der Wunsch gewesen sein, als Seemann auf weltweiter Fahrt Karriere bis zum Kapitän machen zu können. Im Nationalsozialismus war es geübte Praxis, Schiffsoffizieren, die sich weigerten, Parteimitglied zu werden, den Reisepass zu entziehen. Sie konnten dann nicht mehr ins Ausland fahren, was in der Regel den Verlust ihrer wirtschaftlichen Existenz bedeutete.

➢ FERNWEH UND HEIMWEH

»Achtunddreißig Jahre Seefahrt liegen hinter mir, und fast jedesmal, wenn ich vom Norden in den Altonaer Bahnhof einfahre, steigt wieder das Gefühl in mir auf, das ich hatte, als ich 1902 zum ersten Mal in die große Stadt kam, um meine Seemannslaufbahn anzutreten«, erinnert sich der ergraute Kapitän am Ende seiner Karriere in seinem Buch »Fernweh und Heimweh« an die ersten, unbeschwerten Tage als Schiffsjunge.

Der Sohn eines Gymnasiallehrers kommt als Sechzehnjähriger mit zwei Freunden per Eisenbahn nach Hamburg, um zur See zu fahren. Das Gymnasium »hängt ihm zum Halse heraus«. Schröder will auf einem Segler anheuern – trotz seiner geringen Körpergröße von nur 1,46 Metern und seinem Leichtgewicht von 32,5 Kilogramm.

DIE ERSTEN TAGE AUF SEE: GUSTAV SCHRÖDER (IN DER ERSTEN REIHE LINKS SITZEND) AN BORD DER GROSSHERZOGIN ELISABETH.

Auf dem Schulschiff GROSSHERZOGIN ELISABETH in Elsfleth kann er schließlich zum ersten Mal an Bord gehen. Sein größtes Erlebnis in jenen Monaten ist die Begegnung mit der Yacht des Kaisers, der METEOR, die bei fünf Windstärken unter Vollzeug an der GROSSHERZOGIN vorbeirauscht. Schröder: »Der Anblick war für mich eine nahezu unbeschreibliche Freude, nur zu kurz. Denn es dauerte keine halbe Minute. da war das Riesentier schon vorüber.«

REEDER ALBERT BALLIN FÖRDERT GUSTAV SCHRÖDER.

Nach einem Jahr Lehrzeit auf dem Schulschiff in Nord- und Ostsee sowie auf der Winterreise nach Rio de Janeiro mustert Schröder 1903 auf dem modernen, 200 Meter langen Hapag-Schnelldampfer DEUTSCHLAND an – als Promenadendecks-Leichtmatrose. Das Schiff besitzt das »Blaue Band«, die internationale Auszeichnung für die schnellste Atlantik-Überquerung.

MIT DER BARK TITANIA IN 185 TAGEN NACH HAWAII – INKLUSIVE ORKAN.

An Bord wird er vom Ersten Offizier dem Generaldirektor seiner Reederei, Albert Ballin, als »kleinster zukünftiger Hapag-Kapitän« vorgestellt. Schröder: »Albert Ballin sah mich freundlich an. Seine gütigen Augen beeindruckten mich stark, und ich fühlte mich bei der Hapag wie geborgen. ›In fünf Jahren‹, sagte er, ›wenn Du deine Segler-Fahrzeit und das Examen hinter dir hast, bist Du als Vierter Offizier wieder bei uns.‹ Ich habe dieses Wort als Ehre und Verpflichtung empfunden.«

Als nächste Heuer geht es mit dem kleinen Gaffelschoner ALBERT auf Ostseefahrt. Im Herbst 1904 steht für den Leichtmatrosen eine neue Beschäftigung auf der eisernen Bark TITANIA aus Elsfleth an – mit einer Reise nach Hawaii, die mit 185 Tagen ungewöhnlich lange dauern wird. Auf der Rückreise geht Ballast aus Sand und Steinen in einem 14 Stunden wütenden Orkan im Laderaum über, das Schiff droht zu kentern. Nur durch das Kappen von Teilen der Takelage und das mühsame und gefährliche Umstauen des Ballasts kann das angeschlagene Schiff gerettet werden. Der schmächtige Gustav Schröder bewährt sich in diesem Inferno.

Antwerpen –
26.6.14
Herzlichen
Gruss und
Dank
für Karte
Dein
Gudde

GUSTAV SCHRÖDER
ALS JUNGER OFFIZIER.

➤ MIT DER BARK BERTHA AUF WELTREISE

Die nächste Station, nunmehr als Matrose, ist für Schröder die Bark BERTHA, mit der es mit einer Stückgut-Ladung nach Australien, dann mit Kohle nach Südamerika und von dort mit Salpeter um Kap Hoorn zurück nach Hamburg geht – eine dreizehnmonatige Weltreise!

Danach ist erst einmal Schluss mit der großen weiten Welt. Für den jungen Seemann geht es auf die Steuermannsschule in Hamburg, wo er 1909 und 1912 alle Prüfungen mit Erfolg ablegt.

Da bei der Hamburg-Amerika-Linie zu der Zeit kein Platz für ihn frei ist, heuert Schröder als Zweiter Offizier für zwei Jahre bei der Apenrader Trampreederei Jebsen (Trampschiffe fahren nicht nach Fahrplan, sondern nach Frachtangebot) in Hongkong an. »Auf den Jebsen-Dampfern gab es einen traditionellen Stil, der auf den Gründer der Reederei, Kapitän Michael Jebsen, zurückging, der Sicherheit und Ordnung bei weitgehender Toleranz verbürgte und aus jedem Schiff eine schwimmende Burg des Friedens und der Harmonie machte«, erinnert sich Gustav Schröder an diese Zeit. Anschließend geht es dann doch zur Hapag, er fährt Richtung Indien.

WENIGE TAGE VOR DEM AUSBRUCH
DES ERSTEN WELTKRIEGES SCHICKT
GUSTAV SCHRÖDER AUS ANTWERPEN
GRÜSSE IN DIE HEIMAT.

GUSTAV SCHRÖDER (3. VON LINKS) MIT SEINER TURNRIEGE.

➤ GUSTAV SCHRÖDER WIRD INTERNIERT

Als der Erste Weltkrieg ausbricht, wird er in Kalkutta von den Briten interniert. Das bietet Gustav Schröder neue Chancen: Er ist umtriebig, gründet einen Gesangs- und einen Turnverein für seine Schicksalsgenossen, baut eine Sternwarte auf, gibt Sprachkurse und hilft als Krankenpfleger. Nach seiner Rückkehr in die Heimat heiratet der junge Seemann im Jahr 1921 seine langjährige Verlobte Elsa Färber in Hamburg, zwei Jahre später wird Sohn Rolf geboren.

In den Jahren nach dem Ersten Weltkrieg fährt Schröder als Offizier bei der Hapag auf Frachtschiffen über alle Weltmeere. Einer der wichtigsten Tage seiner Fahrenszeit ist der 26. August 1936. An jenem Tag wird er zum Kapitän befördert und übernimmt das Kommando auf dem kleinen Frachtdampfer KYPHISSIA. Schröder: »Während meiner ganzen Fahrzeit als Schiffsoffizier bei der Hamburg-Amerika-Linie ist keine ernsthafte Havarie vorgekommen. Und ich selbst habe kein einziges Mal durch Krankheit Kosten verursacht.«

GUSTAV SCHRÖDER MIT FRAU ELSA UND SOHN ROLF 1924 IM GARTEN IHRES HAMBURGER HAUSES.

SCHRÖDER ALS KAPITÄN DES KDF-SCHIFFS OCEANA.

➢ ALS KAPITÄN AUF DER BRÜCKE SEINES SCHIFFS

Schon nach wenigen Reisen wird Gustav Schröder von seiner Reederei überraschend befördert – von der KYPHISSIA als Kapitän auf die Brücke des weißen »Kraft durch Freude«-Passagierdampfers OCEANA (»Kraft durch Freude« war die Urlauber-Organisation der Nationalsozialisten). Norwegische Fjorde und die Perlen des Mittelmeers stehen jetzt auf dem Programm. Er macht auf fünfzig Reisen seine Sache an Bord so gut, dass die Reederei ihn schon ab 1938 auf ihren wichtigsten Schiffen einsetzt, den Schnelldampfern HAMBURG, HANSA und DEUTSCHLAND auf der Route von Hamburg nach New York.

DIE HAMBURG-AMERIKA LINIE

verleiht hierdurch

Herrn Kapt. Gustav Schröder

zum 25jährigen Dienstjubiläum

die Verdienst-Medaille der Gesellschaft als Zeichen ihrer besonderen Anerkennung

Der Vorstand der Hamburg-Amerika Linie

Hamburg, den 26. März 1937

ANERKENNUNG FÜR 25 DIENSTJAHRE – DIE HAMBURG-AMERIKA LINIE ZEICHNET GUSTAV SCHRÖDER AUS.

VIER GOLDENE STREIFEN AM ÄRMEL:
GUSTAV SCHRÖDER ALS KAPITÄN
AUF GROSSER FAHRT.

CAPTAIN'S DINNER: GUSTAV SCHRÖDER LÄDT HÄUFIG GÄSTE AN SEINEN TISCH.

DER KAPITÄN GREIFT SOGAR ZUR GITARRE, UM SEINE GÄSTE ZU UNTERHALTEN.

DIE ST. LOUIS BEIM AUSLAUFEN AUS DEM HAMBURGER HAFEN.

Anfang 1939 wird der 54-jährige Schröder dann zum ersten Mal Kapitän auf der St. Louis, auf der er insgesamt zwölf Reisen macht. Nach Amerika und Westindien, bevor es im Mai zu der Karibik-Reise kommt, die als »Irrfahrt« in die Geschichtsbücher eingeht.

In seinen Händen liegt das Schicksal der jüdischen Passagiere, die sich am 13. Mai 1939 an Bord der St. Louis einschiffen – auf dem Weg in eine ungewisse Zukunft.

ACHTUNG
LANGSAM
HALB
VOLL
LANGSAM
HALB
VOLL

MUSIK UND LITERATUR GEHÖREN ZU DEN LEIDENSCHAFTEN VON GUSTAV SCHRÖDER. IN SPÄTEREN JAHREN HAT ER EIGENE BÜCHER VERFASST.

RECHTS: AUCH ALS INTERVIEW-PARTNER IST DER KAPITÄN EIN GEFRAGTER MANN. HIER AN BORD MIT ZWEI HAMBURGER RUNDFUNK-JOURNALISTEN.

LINKS: GROSSE MOMENTE FÜR DIE FAMILIE SCHRÖDER, WENN FRAU ELSA UND SOHN ROLF DEN KAPITÄN AN BORD BESUCHEN UND DER SOHN SELBST ANS RUDER DARF.

KLEINES FOTO: MIT PROF. HAUSSCHILD UND FRAU 1938 AN BORD DER OCEANA AUF NORWEGEN-KREUZFAHRT.

DAS SCHIFF

UND SEINE PASSAGIERE

DIE ST. LOUIS GEHÖRT ZU DEN ELEGANTESTEN SCHIFFEN IHRER ZEIT.

➢ DAS SCHIFF …

Glanzvoll hat die Geschichte der St. Louis begonnen – sie galt als das moderne Schiff »einer neuen Zeit«. Das Hapag-Motorschiff zählt zu den größten und luxuriösesten Passagierschiffen der Welt.

»Später als auf anderen Routen sind die in der Nordatlantikfahrt tätigen Schifffahrtsgesellschaften dazu übergegangen, Motorschiffe in Dienst zu stellen. Erst nachdem man auf anderen Verkehrsgebieten ausreichende Erfahrungen mit motorisch angetriebenen Passagierschiffen gesammelt hatte, ging man dazu über, auch für diesen wichtigen und verkehrsreichen Ozeanweg bei Neubauten den Motorantrieb zu wählen«, berichtet das »Hamburger Fremdenblatt« am 19. März 1929.

In jener Zeit geht die Ära der Dampfschiffe zu Ende. Das Blatt berichtet weiter: »Die Hamburg-Amerika-Linie, die als erste deutsche Reederei dazu überging, den Motorantrieb in der nordatlantischen Passagierfahrt einzuführen, wählte für ihre ersten derartigen Schiffe eine mittlere Größe von ca. 17.000 BRT und ebenso eine mittlere Geschwindigkeit von etwa 16 Seemeilen. Dies bedeutet einen Markstein in der Geschichte der Nordatlantikfahrt, denn die St. Louis ist nicht nur das größte und schnellste deutsche

IN DEN RESTAURANTS DER ST. LOUIS WURDE EXZELLENTE KÜCHE GEBOTEN.

Motorschiff, sondern ist auch das erste Motorschiff unter deutscher Flagge, das in der transatlantischen Passagierfahrt beschäftigt wird.«

Für die Überfahrt der mehr als 900 Passagiere nach Havanna bringt die St. Louis beste Voraussetzungen mit, denn der Ozeanriese wird vor allem für den Passagierdienst auf dem Nordatlantik von der Reederei bei der Werft

DECKCHAIRS FÜR ALLE –
DIE ST. LOUIS WARTET AUF
DIE NÄCHSTEN PASSAGIERE.

Bremer Vulkan bestellt. Das 175 Meter lange (LüA) und 22,1 Meter breite Schiff (Baunummer 670) läuft am 2. August 1928 vom Stapel und tritt am 28. März 1929 seine Jungfernfahrt von Hamburg nach New York an. Der 16.732 BRT große Ozeanliner bietet Kabinenplätze für 973 Passagiere (270 in der 1. Klasse, 287 in der Touristenklasse und 416 in der 3. Klasse). Die vier MAN-Zweitakt-Dieselmotoren (je sechs Zylinder) sind 12.000 PS stark und geben dem Zweipropeller-Schiff eine maximale Geschwindigkeit von 16,5 Knoten (31 km/h).

Der tägliche Ölverbrauch soll bei 55 Tonnen liegen, sodass genügend Brennstoff für zwei

EINE ELEGANTE FREITREPPE, LEGERE SITZGRUPPEN, REICHER BLUMENSCHMUCK – REISEN AUF DER ST. LOUIS SIND LUXUS PUR.

Atlantik-Überquerungen in den Doppelboden-Tanks mitgeführt werden kann – auch das eine wichtige Voraussetzung für das folgende Seeabenteuer.

In der Nebensaison (Frühjahr und Herbst) unternimmt das Schiff zunächst regelmäßig zwei- bis dreiwöchige Kreuzfahrten zu den Kanarischen Inseln, nach Marokko und Madeira. Ab 1934 chartert die NS-Urlauber-Organisation »Kraft durch Freude« (KdF) die St. Louis, um im Sommer Norwegen-Reisen für jeweils 900 Urlauber zu absolvieren. Ende der 1930er Jahre macht das auch in den Vereinigten Staaten beliebte Schiff mehrere Fahrten nach Amerika und unternimmt Kreuzfahrten nach Westindien und in die Karibik.

Anfang 1939 bietet die Hamburger Reederei ihr Schiff jüdischen Organisationen für eine »Sonderfahrt« nach Kuba an. Eine günstige Gelegenheit, den Ozeanriesen auszulasten und mit dem Schicksal der jüdischen Emigranten Geld zu verdienen, bevor es auf die nächsten, gut gebuchten, Reisen von New York zu den karibischen Inseln geht.

➢ ... UND SEINE PASSAGIERE

Sie haben lange gewartet, fast zu lange. Die Sternbergs, die Dublons, Karliners, Messingers und all die anderen, bis sie zu einer Schicksalsgemeinschaft auf der St. Louis wurden. Obwohl sie schon ihre wirtschaftliche Existenz eingebüßt hatten, einige von ihnen im Konzentrationslager einen Blick in die Hölle des Nationalsozialismus werfen mussten, haben sie mit dem letzten Schritt, mit der Flucht aus Deutschland, gewartet. Sie wollten in ihrem Land, ihrer Heimat bleiben. Haben immer noch darauf gehofft, dass alles wieder besser wird. Trotz düsterer Androhungen in Hitlers »Mein Kampf«, trotz martialischer Ankündigungen in den Parteiprogrammen der NSDAP. Sie mochten lange nicht an das drohende Unheil glauben.

Einige der 937 Menschen haben Tagebuch über die »Irrfahrt« der St. Louis geführt oder berichten heute noch, hochbetagt, von ihren Erlebnissen an Bord:

➤ SONJA UND GISELA KNEPEL

Die 1939 zwölfjährige Sonja ist mit ihrer fünfzehnjährigen Schwester Gisela und ihrer Mutter an Bord der St. Louis. Die beiden Schwestern sind immer noch eng verbunden, leben heute in einem Altenheim im englischen Manchester.

SONJA (LINKS) UND GISELA KNEPEL BEI IHRER EINSCHULUNG.

Ihr Vater ist nach dem Ersten Weltkrieg aus Polen nach Berlin gekommen. Dort betreibt er zusammen mit seiner Frau ein kleines Lebensmittelgeschäft. Der Boykott jüdischer Geschäfte zwingt ihn zur Aufgabe. In der Nacht zum 28. Oktober 1938 klingelt es an der Tür. Sonja: »Zwei Männer, Gestapo, was weiß ich, Polizei, und haben gesagt, sie müssen meinen Vater mitnehmen. Wir wussten nicht, warum. Und ich hab geschrien: ›Nein, nimm nicht meinen Papa, nimm nicht meinen Papa!‹ Zu meiner Mutter haben sie gesagt, wenn das Kind nicht still ist, nehmen wir es auch weg.«

Von ihrem letzten Geld kauft die Mutter für die Familie die Passage-Tickets nach Kuba. Doch als der Tag der Abfahrt naht, ist der Vater nicht da. Er konnte nicht rechtzeitig aus Polen nach Hamburg kommen. Gisela: »Meine Mutter ist zur Hapag gegangen und hat gesagt: ›Können wir nicht auf dem nächsten Schiff fahren?‹ Aber der Hapag-Mann erklärte, das nächste Schiff sei bereits ausgebucht. ›Aber ich kann für eine Person eine Kabine finden, nur nicht für vier Personen. Warum fahren Sie mit Ihren Kindern nicht mit der St. Louis, und Ihr Mann geht auf das nächste Schiff?‹«

»Es war wirklich eine Reise ins Ungewisse. Im letzten Gespräch mit meiner Mutter hat mein Vater am Telefon geweint und gesagt: ›Lass mich nicht allein zurück. Nimm mir meine Kinder nicht weg.‹ Man kann verstehen, wie sich meine Mutter gefühlt hat. Der Ehemann weint, und sie fühlt, dass sie die Kinder retten muss.«

Die Vorahnungen des Vaters erweisen sich als begründet.

Während des Krieges hat die Familie über eine Tante in Rumänien noch einmal Briefkontakt, dann verliert sich jede Spur von ihm – er kommt um im Holocaust.

➢ HERBERT KARLINER

Die Familie Karliner hat es vor der Abfahrt gerade noch auf das Schiff geschafft. Der Vater, ein Ladenbesitzer, ist erst kurz zuvor aus dem Konzentrationslager freigekommen. Herbert: »Mein Vater hat 26 Kisten gepackt. Wie Schränke. Und da haben wir unsere Sachen reingepackt und nach Hamburg geschickt. Ich konnte das bei meinen Eltern fühlen, dass es sie sehr bekümmert hat, was werden wird. Mein Vater war immer sehr ernst. Er wusste, was los ist in Deutschland. Er ist im KZ gewesen – sechs, sieben Monate.«

DAS GESCHÄFT DER FAMILIE KARLINER.

➢ SOL MESSINGER

Der Sechsjährige ist eines von fast 150 Kindern an Bord. Sein Vater, ein Schneider, lebt seit 20 Jahren in Berlin; doch weil er einen polnischen Pass besitzt, wird er im Oktober 1938 verhaftet und abgeschoben. Kurz vor der Abfahrt schafft er es gerade noch rechtzeitig nach Hamburg – auf das rettende Schiff. »Mein Vater hat geweint. Meine Mutter hat ihn angeguckt und gefragt: ›Warum weinst du?‹ Da hat er gesagt: ›Ich weine, weil viele von unseren Verwandten noch in Europa sind, in Polen, und wer weiß, wann wir sie wiedersehen werden.‹ Und er hat recht behalten, wir haben sie nie wiedergesehen.«

ERINNERUNGSFOTO AN BORD: SOL MESSINGER UND SEINE ELTERN.

➤ PHIL FREUND

Phil Freund ist sieben Jahre alt, als ihn das Schicksal auf die St. Louis verschlägt. Sein Vater hat Selbstmord verübt, aus Verzweiflung und aus Angst vor einer Haftstrafe. Er hatte versucht, für die Zukunft seiner Familie Devisen ins Ausland zu bringen – nach der Rechtsprechung der Nationalsozialisten ein schweres Verbrechen. Der Junge reist mit Mutter, Großmutter und Schwester.

PHIL FREUND KOMMT ALS SIEBENJÄHRIGER AUF DIE ST. LOUIS.

➤ ERICH DUBLON

Der Erfurter Kaufmann Erich Dublon schreibt auf der Reise an Bord der St. Louis Tagebuch. Zusammen mit seinem Bruder Willy und seinem Vater hat Dublon (geboren 1890) in der Erfurter Innenstadt zwei Schuhgeschäfte betrieben, bis 1938 Hersteller ihnen die Vertretungen entzogen haben.

ERICH DUBLON SCHREIBT EIN REISE-TAGEBUCH.

➤ LEON JOEL

An Bord ist auch der Großonkel eines gewissen Billy Joel, geboren 1949 in der New Yorker Bronx, später als Musiker Weltstar.

Leon Joel, hochdekorierter Soldat des Ersten Weltkriegs, Inhaber eines renommierten Wäschegeschäfts im fränkischen Ansbach und Vorsteher der dortigen jüdischen Gemeinde, will die Gräueltaten der Nationalsozialisten nicht glauben: »Ich bin Deutscher jüdischer Religion. Es ist unmöglich, dass die Deutschen so etwas machen.«

LEON JOEL WILL DIE GRÄUELTATEN DER NAZIS NICHT GLAUBEN.

Als es 1938 fast schon zu spät ist, überredet ihn sein gerade mal 15 Jahre alter Neffe Helmuth, sein Heimatland doch noch zu verlassen. Leon, seine Frau Johanna und sein Sohn Günther finden Plätze auf der St. Louis – und entkommen so den Nationalsozialisten.

VERFOLGUNG UND FLUCHT

Die Nationalsozialisten bleiben vom ersten Tag ihrer Herrschaft dem Parteiprogramm treu. Sie schikanieren jüdische Mitbürger, treiben einige von ihnen in den Selbstmord, viele in die Flucht. Wie durchschlagend diese Schreckensherrschaft ist, belegen folgende Zahlen:

- Im Jahr 1925 zählen die jüdischen Gemeinden in Deutschland 564.379 Mitglieder.
- Anfang 1933 sind es noch 537.000.
- Am 16. Juni 1933 hat sich die Zahl bereits durch Flucht, Auswanderung, Ausweisung und Selbsttötungen auf 499.682 reduziert.
- Im September 1933 leben rund 420.000 und Ende 1938 nur noch 295.000 Juden im Reichsgebiet.
- In einer Volkszählung im Mai 1939 zählen die Nationalsozialisten in ihrer menschenverachtenden Sprache noch 200.976 Deutsche als sogenannte Volljuden (drei oder vier der Großeltern sind Juden). Die Terminologie des Terrors verzeichnet auch 45.453 »Mischlinge« ersten Grades (zwei Großeltern sind Juden) und 27.160 zweiten Grades (ein jüdischer Großelternteil) – zusammen 273.589 Menschen, die jetzt ihrer Bürgerrechte beraubt sind.
- Die Bilanz des Schreckens: Am 1. September 1944 leben nach offiziellen Zählungen nur noch 14.574 Juden in Deutschland. Auch von ihnen werden die meisten im Holocaust umkommen.

Von den jüdischen Mitbürgern fliehen über 7.000 in die Niederlande, 40.000 nach Großbritannien und 85.000 in die USA. Über die von der britischen Regierung initiierte Aktion »Kindertransport« werden 10.000 jüdische Kinder auf die Insel gerettet.

Mit Akribie gießen die Nationalsozialisten ihren menschenverachtenden Antisemitismus in Verordnungen und Gesetze – über 250 sind es von 1933 bis 1945. Auch heute noch ist man fassungslos, wie Juden das Leben in Deutschland systematisch zur Hölle gemacht wird:

1933: Notverordnungen, Ermächtigungsgesetz. Boykott jüdischer Geschäfte, von Ärzten und Anwälten, Ausschluss aller jüdischen Sportler aus »deutschen« Vereinen sowie aus dem »Großdeutschen Schachbund« und dem »Deutschen Sängerbund«.

1934: Preußen erlässt ein Aufnahmeverbot für Juden in freiwillige Feuerwehren, Ausschluss jüdischer Soldaten aus der Wehrmacht, Auftrittsverbote für jüdische Schauspieler.

1935: »Nürnberger Gesetze« zur Einschränkung von Rechten jüdischer Bürger (»Blutschandegesetz«). Verbot von Eheschließungen mit Juden. Die Reichsschrifttumskammer untersagt allen jüdischen Schriftstellern jede Tätigkeit. Die Reichspressekammer verlangt von Zeitungsverlegern einen »Ariernachweis« bis ins Jahr 1800. An jüdischen Schulen werden keine neuen Lehrer eingestellt.

1936: In neu errichteten jüdischen Gaststätten darf kein »deutschblütiges« weibliches Personal beschäftigt werden.

Ansonsten bleibt es in diesem Jahr eher ruhig, im Jahr der Olympischen Spiele in Berlin. Das »Dritte Reich« will sich von seiner besten Seite zeigen, und ein afroamerikanischer Sprinter aus den USA kann sogar zum Helden der Spiele werden.

1937: An Berufsschulen werden reichsweit Juden ausgegrenzt, indem Sonderklassen eingerichtet werden. Auf Anweisung der Gestapo werden Juden besondere Badeorte zugewiesen. Juden werden an allen Fakultäten nicht mehr zur Doktorprüfung zugelassen. Der »deutsche Gruß« im Verkehr mit Justizbehörden, insbesondere während Gerichtssitzungen, ist Juden nicht gestattet.

1938: In diesem Jahr schlägt die Politik der Schikanen in flächendeckenden Terror um. In der Nacht vom 9. auf den 10. November drangsalieren Schlägerbanden der SA die in Deutschland verbliebenen Juden. Es gibt Verletzte, Tote. Fensterscheiben von Geschäften werden eingeschlagen, Auslagen verwüstet, Synagogen zerstört. Die Nationalsozialisten stellen die mit kalter Hand organisierte Vertreibungsaktion als spontanen Volksaufstand dar, etikettieren sie um als »Reichskristallnacht«[1].

Die nationalsozialistische Bürokratie ist schier unerschöpflich in ihrem diskriminierenden Erfindungsreichtum: Juden können nicht Mitglied des Deutschen Roten Kreuzes bleiben. Juden, die Fremdenzimmer vermieten, müssen anzeigen, dass es sich um »jüdische Zimmer« handelt. Juden erhalten keine Einkommensteuer-Ermäßigung für ihre Kinder. Juden werden von der Vergabe öffentlicher Aufträge ausgeschlossen. Juden können keine Kleingärten pachten. Die Benutzung öffentlicher Archive wird Juden untersagt. Juden sind als Gasthörer an deutschen Universitäten nicht zugelassen. Jüdische Firmen und Juden erhalten grundsätzlich keine Kredite mehr von öffentlichen Sparkassen. Juden sind vom Börsenbesuch ausgeschlossen.

Juden können keine deutschen Schulen mehr besuchen. Juden wird das Tragen von Uniformen verboten. Juden dürfen keine Brieftauben mehr halten. Führerscheine und Kfz-Zulassungen von Juden verlieren ihre Gültigkeit; Juden haben ihre Autos an Deutsche zu verkaufen. Juden dürfen Speise- und Schlafwagen der Deutschen Reichsbahn nicht betreten. Jüdische Verlage und Buchhandlungen werden aufgelöst.

Vorboten des Holocaust:

Juden, die zu einer Gefängnisstrafe von mehr als einem Monat verurteilt werden, werden in Konzentrationslager gebracht. Es gibt erste Massendeportationen nach Polen.

1939: *Im Frühjahr marschieren deutsche Truppen in die Rest-Tschechoslowakei ein. Am 23. Mai wird das Memelland annektiert. In Deutschland gibt es zu der Zeit sechs große Konzentrationslager – Mauthausen, Dachau, Flossenbürg, Buchenwald, Sachsenhausen und Ravensbrück. In jenem Jahr werden folgende weitere Drangsalierungen durchgesetzt:*

---

[1] *Ende 1938 kommt es zu überwiegend organisierten Ausschreitungen von Nationalsozialisten und ihren Organisationen (z. B. SA, Polizei) gegen Juden in ganz Deutschland – in der sogenannten Reichspogromnacht werden Synagogen angezündet, jüdische Geschäfte und Friedhöfe verwüstet sowie jüdische Bücher und Kunstwerke öffentlich verbrannt. Vom 7. bis 13. November werden etwa 800 Juden ermordet. Von dieser Zeit an werden Juden in Deutschland systematisch verfolgt. Nach dem 10. November werden 30.000 Juden in Konzentrationslagern inhaftiert. Die Pogrome markieren den Übergang von der Diskriminierung der Juden zur systematischen Verfolgung, die drei Jahre später in den Holocaust mündet.*

Juden ist es verboten, auf Märkten zu verkaufen. Alle Juden haben binnen zwei Wochen in ihrem Eigentum befindliche Gegenstände aus Gold, Platin oder Silber sowie Edelsteine oder Pelze bei öffentlichen Ankaufstellen abzuliefern. Juden sind von der Wehrpflicht ausgeschlossen und können nicht Mitglied der Hitlerjugend sein. Die »Reichsvereinigung der Juden in Deutschland« soll die jüdische Auswanderung fördern, das jüdische Schulwesen und die jüdische Wohlfahrtspflege betreiben.

Ausgehverbot für Juden nach 20 Uhr (im Sommer: 21 Uhr). Juden wird der Besitz von Radios verboten. Juden haben auf eigene Kosten Luftschutzräume zu erstellen. Juden, die ein »staatsabträgliches« Verhalten an den Tag legen, sind in Konzentrationslager zu bringen.

*

So ist die Situation für die noch in Deutschland verbliebenen Juden, als sich über 900 von ihnen entschließen, mit der St. Louis aus dem »Reich« zu fliehen. Sie geben ihre Heimat, ihre Existenz, ihre Freunde auf. Opfern Hab und Gut, um das nackte Leben zu retten. Das Drama um die St. Louis beginnt.

*

Die Verfolgungen der Juden durch die Nationalsozialisten steigern sich in den folgenden Jahren in einem heute unfassbaren Maße:

1940: Juden dürfen nicht mehr Blut spenden. »Mischlinge« ersten Grades und Ehemänner von Jüdinnen werden aus der Wehrmacht entlassen. Juden dürfen nicht mehr telefonieren.

1941: Beginn der Massenvernichtung von Juden durch Erschießungen und Ermordungen in den Gaskammern der Konzentrationslager. Jüdische Kinder dürfen nur jüdische Schulen besuchen; jüdischer Privatunterricht ist verboten. Juden erhalten keine Seife oder Rasierseife mehr. Juden ist die Benutzung von Leihbüchereien untersagt. Vom 15. September an müssen Juden, die das sechste Lebensjahr vollendet haben, den »Judenstern« tragen. Juden bedürfen für die Benutzung öffentlicher Verkehrsmittel eines polizeilichen Erlaubnisscheins. Sie können diese nur nutzen, wenn noch Platz für sie ist. Sie dürfen sich nur setzen, wenn andere Reisende nicht mehr stehen. Juden ist der Gebrauch von Schecks untersagt. Die Auswanderung von Juden ist während des Krieges verboten.

1942: Bei der Kleidersammlung für die Ostfront sind Juden zur Abgabe geeigneter Winterbekleidungsstücke verpflichtet. Juden ist der Kauf von Kuchen untersagt. Haustierverbot für Juden. Juden sind von der Belieferung von Zeitungen und Zeitschriften ausgeschlossen. Juden ist der Besuch bei »Ariern« in deren Wohnung untersagt. Juden dürfen von arischen Friseuren nicht bedient werden. Der Nachlass verstorbener KZ-Häftlinge verfällt dem Reich. Die Versorgung der Juden mit Fleisch, Eiern und Milch wird eingestellt.

Alle im Reich gelegenen Konzentrationslager sind »judenfrei« zu machen; Deportation der jüdischen Häftlinge nach Auschwitz und Lublin-Majdanek.

1943: Juden werden zum Weihnachtsfest nicht mehr von der Arbeit freigestellt. Alle Sterbefälle von Juden sind den Finanzbehörden mitzuteilen; ihr Vermögen verfällt dem Reich.

DIE IRRFAHRT DER ST. LOUIS

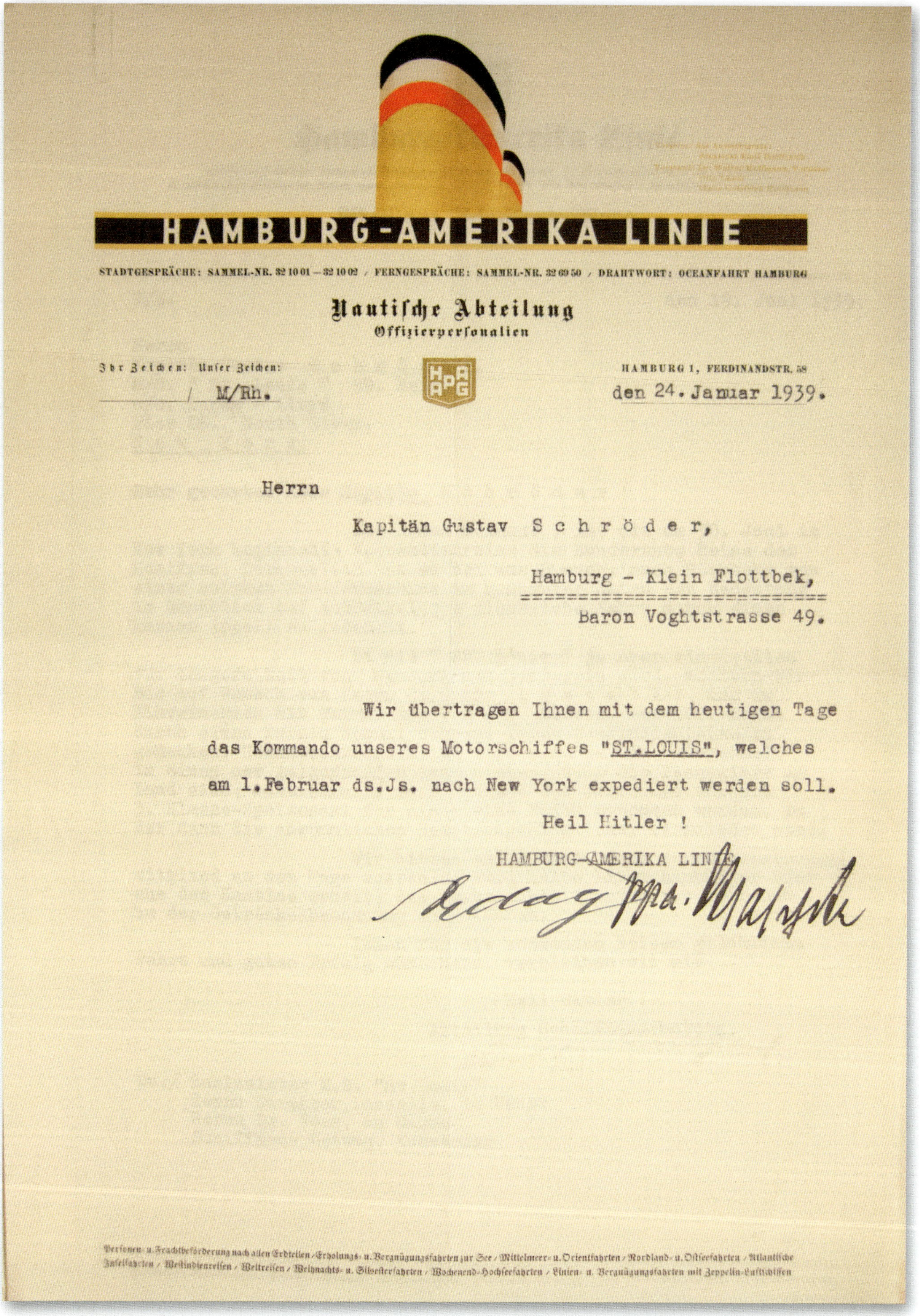

HAMBURG-AMERIKA LINIE

STADTGESPRÄCHE: SAMMEL-NR. 32 10 01 – 32 10 02 / FERNGESPRÄCHE: SAMMEL-NR. 32 69 50 / DRAHTWORT: OCEANFAHRT HAMBURG

Nautische Abteilung
Offizierpersonalien

Ihr Zeichen: / Unser Zeichen: M/Rh.

HAMBURG 1, FERDINANDSTR. 58
den 24. Januar 1939.

Herrn

Kapitän Gustav S c h r ö d e r,

Hamburg - Klein Flottbek,

Baron Voghtstrasse 49.

Wir übertragen Ihnen mit dem heutigen Tage das Kommando unseres Motorschiffes "ST.LOUIS", welches am 1.Februar ds.Js. nach New York expediert werden soll.

Heil Hitler !

HAMBURG-AMERIKA LINIE

Personen- u. Frachtbeförderung nach allen Erdteilen / Erholungs- u. Vergnügungsfahrten zur See / Mittelmeer- u. Orientfahrten / Nordland- u. Ostseefahrten / Atlantische Inselfahrten / Westindienreisen / Weltreisen / Weihnachts- u. Silvesterfahrten / Wochenend-Hochseefahrten / Linien- u. Vergnügungsfahrten mit Zeppelin-Luftschiffen

Für deutsche Juden gibt es im Jahr 1939 kaum noch Fluchtmöglichkeiten. Die meisten Staaten haben ihre Grenzen für Flüchtlinge geschlossen oder sie erlauben nur einer begrenzten Anzahl die Einreise. Zum Beispiel haben die USA bereits 1924 im »Johnson Immigration Act« die Einwanderung auf insgesamt 154.000 Menschen jährlich festgelegt. Auf Deutschland entfallen dabei 25.957 Immigranten, unabhängig von ihrer Religionszugehörigkeit. Die Stimmung in den USA richtet sich in jenen Jahren immer mehr gegen Einwanderer – das Land zählt zehn Millionen Arbeitslose.

➢ DIENSTAG, 24. JANUAR 1939

Die Hamburg-Amerika-Linie (Hapag), Nautische Abteilung – Offizierspersonalien, teilt Kapitän Gustav Schröder per Brief mit: »Wir übertragen Ihnen mit dem heutigen Tage das Kommando unseres Motorschiffs St. Louis, welches am 1. Februar ds. Js. nach New York expediert werden soll. Heil Hitler! HAMBURG-AMERIKA LINIE«

In den darauffolgenden Wochen wittert die Führung der Hamburg-Amerika-Linie die Chance für ein gutes Geschäft: Die Reederei meldet der Europäischen Jüdischen Vereinigung in Paris, dass sie im Mai ihr Schiff St. Louis für eine Reise nach Kuba zur Verfügung stellen kann. Der Präsident der Vereinigung, Dr. Morris C. Troper, nimmt das Angebot sofort an – als Abreisetag wird der 13. Mai 1939 festgelegt.

➢ SONNABEND, 15. APRIL 1939

In einem Rundschreiben teilt das Münchner Hapag-Büro mit: »Eilt sehr! Rundschreiben an alle Interessenten für CUBA. Soeben erfahren wir von unserer Zentrale, daß unser MS St. Louis bei genügender Passagierzahl am 13. Mai 1939 von Hamburg aus zu einer Sonderfahrt nach La Habanna angesetzt wird. Der Fahrpreis beträgt in der 1. Klasse RM 800.–, bei Belegung von Kabinen mit Bad mit 20% Zuschlag, bei Unterbringung in Touristenklasse RM 500.–. Als Rückreise-Depot sind in beiden Klassen RM 230.– pro Person zu hinterlegen. Die Buchung für diese Abfahrt kommt allerdings nur für solche Interessenten in Frage, deren Reisepapiere restlos geordnet sind.« Passagiere der 1. Klasse dürfen zehn Koffer mitnehmen, alle anderen sieben.

➢ MAI 1939

Über 900 jüdische Passagiere buchen die Überfahrt nach Havanna. Nur 16 von ihnen haben ein gültiges Visum in ihren Pässen – alle anderen haben sich für 150 Dollar pro Person ein Einreisevisum (Landepermit) für Kuba besorgt. Ihr eigentliches Ziel sind die Vereinigten Staaten, wo die meisten Verwandte haben. Für die Einreise in die USA gibt es eine lange Warteliste. Dennoch wollen die jüdischen Flüchtlinge nicht in Deutschland warten, bis sie an der Reihe sind.

IN KURZEN WORTEN TEILT DIE REEDEREI GUSTAV SCHRÖDER MIT, WOHIN DIE REISE GEHEN SOLL.

KAPITÄN SCHRÖDER AN BORD IM HAMBURGER HAFEN.

»MUSS I DENN, MUSS I DENN« – DIE BORDKAPELLE DER ST. LOUIS.

➢ FREITAG, 5. MAI 1939

Zehn Tage vor Abfahrt des Schiffes trifft aus Kuba eine niederschmetternde Nachricht ein: Die kubanische Regierung erklärt im Dekret No. 937 alle Landepermits für ungültig. Es wird ab sofort verlangt, dass alle Passagiere ein Visum vom kubanischen Außenministerium vorweisen müssen. Diese Mitteilung wird weder von der Reederei noch von den deutschen Behörden an die Passagiere weitergegeben.

➢ MITTWOCH, 10. MAI 1939

Der Reederei-Agent in Havanna, ein gewisser Clasing, wird aktiv, und drei Tage vor Auslaufen meldet er der Hapag: Die Landungsscheine sind weiterhin gültig. Alle Passagiere dürfen in Havanna das Schiff verlassen! Dies habe der Leiter der Einwanderungsbehörde, Colonel Benitez, sogar schriftlich bestätigt. Was in Deutschland niemand ahnt: Benitez ist in Ungnade gefallen und wird am 1. Juni vom kubanischen Präsidenten abgesetzt.

➢ SONNABEND, 13. MAI 1939

Die Einschiffung der Passagiere beginnt in der Mittagszeit. Um 18 Uhr sind alle an Bord – 388 Fahrgäste in der 1. Klasse und 511 in der Touristenklasse. Kapitän Gustav Schröder kommt als einer der Letzten an Bord, er hat sich noch Instruktionen von seiner Reederei eingeholt. Gegen 20 Uhr legt die St. Louis im Hamburger Kaiser-Wilhelm-Hafen, am Schuppen 76, ab. Rührende Abschiedsszenen – manchem sieht man die freudige Erwartung an, andere verlassen ihre Heimat schweren Herzens.

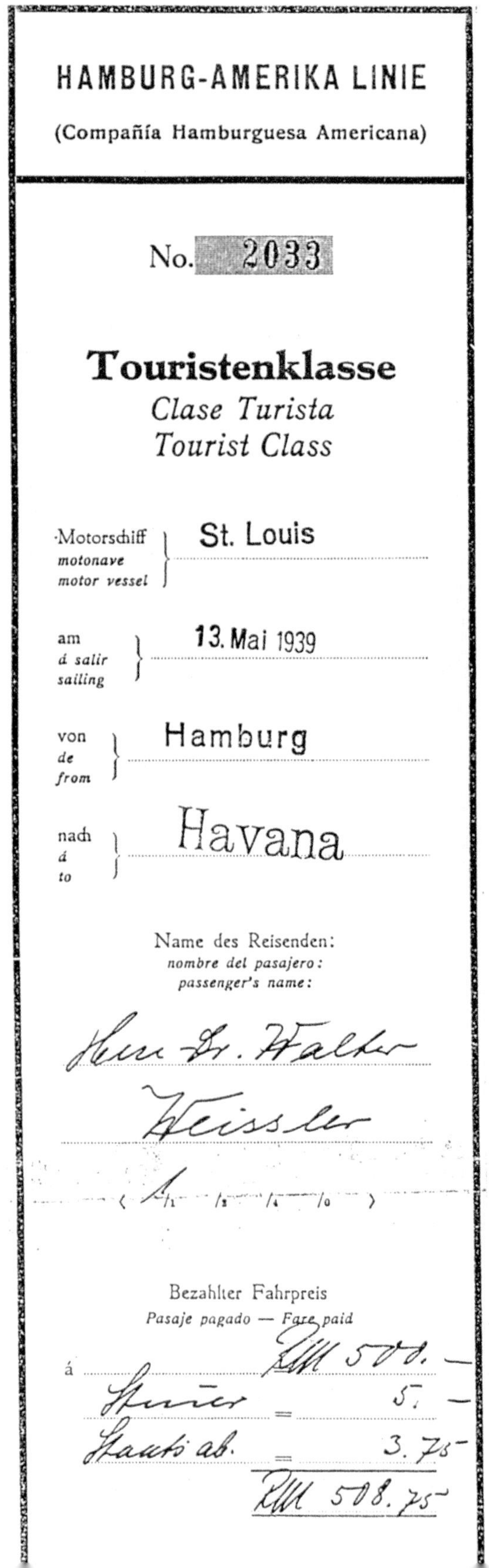

HAMBURG-AMERIKA LINIE

(Compañía Hamburguesa Americana)

No. 2033

Touristenklasse
Clase Turista
Tourist Class

Motorschiff / *motonave* / *motor vessel*: St. Louis

am / *á salir* / *sailing*: 13. Mai 1939

von / *de* / *from*: Hamburg

nach / *á* / *to*: Havana

Name des Reisenden: / *nombre del pasajero:* / *passenger's name:*

Herrn Dr. Walter Heissler

Bezahlter Fahrpreis
Pasaje pagado — Fare paid

á RM 500. –
Steuer = 5. –
Staats ab. = 3.75
RM 508.75

DIE BORDKARTE VON DR. HEISSLER, DER DIE TOURISTENKLASSE FÜR 508,75 REICHSMARK BUCHTE.

Herbert Karliner, der als zwölfjähriger Junge mit seinen Eltern an Bord kommt, erinnert sich: »Auch eine Kapelle ist draußen gewesen. Sie hat ›Muss ich denn, muss ich denn zum Städtele hinaus‹ gespielt. Ich war sehr glücklich, dass ich rauskam. Aber für meine Eltern war es sehr, sehr schwer.«

Die Besatzung wird vom Kapitän angehalten, alle Passagiere äußerst zuvorkommend zu behandeln – wie »Ausländer«; obwohl doch auch sie Deutsche sind. Dass man Passagiere anständig behandelt – an sich eine Selbstverständlichkeit.

EINZELNE PASSAGIERE GEHEN BEREITS AN BORD. KAPITÄN SCHRÖDER SIEHT NOCH EINMAL AN LAND NACH DEM RECHTEN.

Doch der Ungeist ist zu dieser Zeit bereits so weit fortgeschritten, dass das Normale als etwas Besonderes Erwähnung findet. Der Erfurter Kaufmann Erich Dublon (er ist 1939 49 Jahre alt) vermerkt in seinem Tagebuch begeistert erste Eindrücke vom Schiff: »Ein Luxushotel erster Klasse.«

Mit einem etwas unangenehmen Gefühl trat ich die Reise an, denn es war ein Haken dabei. Wohl hatten die Fahrgäste alle eine von der Kubanischen Einwanderungsbehörde unterschriebene Einreiseerlaubnis im Besitz, für die bezahlt worden war. Aber trotzdem konnte niemand für die Landung garantieren.

Es wurde von innenpolitischen Störungen gesprochen, durch die die Landung verhindert werden konnte, sodaß die Stimmung infolge dieser Gefahr doch nicht so ganz erfreulich war. Ich weiß auch, daß manche schweren Herzens reisten. Ein alter Lehrer, der in Deutschland sein Leben lang mit seinen Kollegen in bestem Einvernehmen gearbeitet hatte, wurde krank und starb einige Tage vor Havana. Es war aber […] physische Leiden, das sein Herz brach. – […]nehmen mit der Witwe

FAMILIE DUBLON AN BORD DER ST. LOUIS. DER ZWEITE VON RECHTS IST ERICH, DER VERFASSER DES REISETAGEBUCHES.

➢ SONNTAG, 14. MAI 1939, MUTTERTAG

»Erster Fahrtag. Es dauert geraume Zeit, ehe man seine Kabine auf dem kürzesten Weg findet, die Ausdehnung des Schiffs ist erstaunlich«, schreibt Erich Dublon. Währenddessen informiert die Reederei ihren Kapitän, dass zwei weitere Schiffe, die ONDURA mit 154 Juden und die FLANDRE mit 104 Flüchtlingen an Bord, ebenfalls auf dem Weg nach Kuba sind. Es sei daher erforderlich, mit voller Kraft zu fahren, um vor den anderen Schiffen einzutreffen. Erich Dublon ist von der ST. LOUIS begeistert. Er hält im Tagebuch alle Einzelheiten fest: »Die Mahlzeiten: halb 9 Uhr Frühstück, 11 Uhr Fleischbrühe und Gebäck am Promenadendeck, um 1 Uhr das sogenannte Gabelfrühstück, bei der großen Auswahl an Speisen eine wenig zutreffende Bezeichnung. 4 Uhr Kaffee und Kuchen, halb 8 Uhr die Hauptmahlzeit und zu allem Überfluß gegen halb 11 Uhr nochmals Sandwiches.«

➢ MONTAG, 15. MAI 1939, CHERBOURG

Die ST. LOUIS macht vor der Atlantik-Überquerung noch einmal im französischen Hafen Cherbourg fest, um weitere 38 Passagiere, darunter sechs Kubaner und Spanier, an Bord zu nehmen – und verliert dabei wertvolle Zeit auf der Reise nach Havanna. Dublon genießt das Bordleben: »Ich bekomme allmorgendlich um 6 Uhr ein Wannenbad in Seewasser. Das Schwimmbad an Deck wird erst später hergerichtet. Nach dem Bade gehe ich meistens noch ein Stündchen ins Bett.« Das Schiff legt gegen 14 Uhr ab und fährt Kurs West. Wind und Seegang nehmen zu. Die Ersten leiden unter Seekrankheit, der Speisesaal ist am Abend nur noch halb besetzt.

➢ DIENSTAG, 16. MAI 1939

Kapitän Schröder notiert: »Schönes Wetter, reine Seeluft, gutes Essen, eine aufmerksame Bedienung erzeugt die auf langen Seereisen übliche sorglose Stimmung. Selbst kummervolle Eindrücke des Lebens an Land verblassen schnell auf See. Ein gastliches Schiff mitten auf dem weiten Ozean ist eine andere Welt. So ist es auch hier: Zuversicht und Hoffnung blühen.« Der Kapitän und seine Besatzung spulen das ganze Programm ab, für das die Passagierschiffe der Hapag in der damaligen Zeit berühmt sind. Die Passagiere sind zutiefst von der zuvorkommenden Behandlung durch die Besatzung berührt. Sie, die als Juden in Deutschland weder Schwimmbäder noch Kinos besuchen dürfen, genießen jetzt den Luxus und die wiederentdeckte Freiheit an Bord.

Sonja Sternberg: »Wir waren viele junge Leute. Und natürlich waren wir ... ›fröhlich‹ ist schlecht ... we were happy. ›Happy‹ sounds viel besser wie fröhlich. We were happy, dass wir auf dem Schiff waren.«

Herbert Karliner: »Wir Jungs sind rumgerannt, haben ›Räuber und Versteck‹ gespielt. Und ich hab mich in einem Rettungsboot versteckt. Dabei hat mich der Kapitän geschnappt und gesagt: ›Da darfst du nicht mehr reingehen.‹«

Lediglich koschere Speisen können nicht gereicht werden, weil entsprechender Proviant nicht an Bord ist. Der Obersteward entschuldigt sich dafür und lässt die Speisekarte so zusammenstellen, dass zu den Mahlzeiten immer Eier- und Fischspeisen angeboten werden. Abends wird in der Halle ein spanischer Spielfilm mit Untertiteln gezeigt.

Phil Freund: »Mutter, Großmutter und meine Schwester waren seekrank. Nur ich hatte Hunger. Ich habe mich auf der Suche nach etwas zu essen gemacht und bin in den Speisesaal gelaufen. Ein Kellner kam an meinen Tisch und fragte: ›Was darf ich dir bringen?‹ Und als er sah, dass ich mit Messer und Gabel nicht richtig umgehen konnte, hat er mir sogar das Fleisch geschnitten. Mein ganzes Leben bin ich von Nicht-Juden schlecht behandelt worden. Wir werden bespuckt, geschlagen, getreten, unsere Häuser werden angezündet – und nun war da ein Nicht-Jude, der einfach nur nett war.«

FAMILIE FELDMANN IN GLÜCKLICHEN TAGEN. SPÄTER VERPASSTE DER VATER DIE ABREISE DES SCHIFFS – SEITDEM FEHLT JEDE SPUR VON IHM.

ÜBER DIE TOPPEN GEFLAGGT:
DIE ST. LOUIS VERLÄSST DEN
HAMBURGER HAFEN. AN DEN
ST. PAULI-LANDUNGSBRÜCKEN
LIEGT (VORNE) DAS 1926 IN STETTIN
ERBAUTE HAPAG-SEEBÄDERSCHIFF
COBRA (1.919 PASSAGIERE),
DAS IM HAMBURG-HELGOLAND-SYLT-
VERKEHR EINGESETZT WURDE.
DAHINTER DAS 1912 IN BREMEN
GEBAUTE HAPAG-KREUZFAHRTSCHIFF
OCEANA (700 PASSAGIERE),
DAS UNTER KAPITÄN SCHRÖDER
KDF-REISEN UNTERNOMMEN HAT.
DIESES SCHIFF WURDE NACH DEM
ZWEITEN WELTKRIEG AN DIE
SOWJETUNION AUSGELIEFERT UND
DORT ERST 1963 VERSCHROTTET.

GUSTAV SCHRÖDER AN BORD.

➢ MITTWOCH, 17. MAI 1939

Über den Reiseverlauf schickt Gustav Schröder Berichte an die Reederei: »Weil man die ruhige Wetterlage des Atlantiks auf weitere Sicht erkennen kann, beschließe ich, nördlich der Azoren zu fahren, wodurch etwa 75 Seemeilen = 5 Stunden = 10 Tonnen Öl gespart werden. Das Schiff erreicht mit einer Umdrehungszahl von 99,5 eine Durchschnittsfahrt von 14,9 Knoten. Ein sehr gutes Ergebnis, wenn man bedenkt, daß mindestens 0,3 Knoten Gegenstrom für die ganze Reise anzusetzen sind.«

Anders als seine Vorgänger unterschreibt er seine Mitteilungen nicht mit »Heil Hitler«, sondern einfach nur mit »Schröder - Kapitän«. Schröder, das NSDAP-Mitglied, zeigt Distanz zu den Gepflogenheiten der Nationalsozialisten.

An Bord werden nachmittags ein Pferderennspiel in der Halle und abends ein Konzert veranstaltet.

➢ DONNERSTAG, 18. MAI 1939, CHRISTI HIMMELFAHRT

»Nichts Besonderes, hier ist jeder Tag ein Feiertag - jedenfalls erkennt man heute schon, daß die Reise einen großen Fehler hat, sie ist zu kurz«, notiert Dublon.

DER POOL – EIN UNGEWOHNTES VERGNÜGEN FÜR DIE JÜDISCHEN PASSAGIERE, DENN JUDEN DÜRFEN IN DEUTSCHLAND KEINE SCHWIMMBÄDER MEHR BENUTZEN.

➢ FREITAG, 19. MAI 1939

Die St. Louis passiert die Azoreninsel Flores, nachmittags beginnt es zu regnen. Seit dem frühen Morgen arbeiten Matrosen an der Herrichtung des Schwimmbades an der Ladeluke. »Eben fängt man an, Wasser hineinzupumpen. Ein halber Tag wird wohl vergehen, ehe es voll ist«, erinnert sich Erich Dublon.

Dafür ist das Leben an Bord für den kleinen Sol Messinger wie das Paradies: »Ich wollte im Pool schwimmen. Und meine Mutter, die eine richtige jüdische Mutter war, hat gesagt: ›Nein, nein. Du kannst nicht schwimmen. Du gehst nicht.‹ Und mein Vater hat gesagt: ›Ja. Warum nicht? Ich gehe mit ihm.‹ Und das war das erste Mal, dass ich in einem Pool geschwommen bin.« Nach der Hauptmahlzeit wird ein Gottesdienst gefeiert. Gisela Feldmann erinnert sich gerne an den Kapitän: »Er hat seinen Leuten gesagt, dass wir genauso wie andere Passagiere zu behandeln sind. Und er war wirklich sehr gut zu uns. Am Freitagabend und Sonnabendmorgen hat er uns erlaubt, das Bild von Hitler abzuhängen, während wir gebetet haben, danach haben wir das Bild wieder aufgehängt. Das war wirklich sehr tapfer von ihm.«

SOL MESSINGER MIT SEINEN ELTERN.

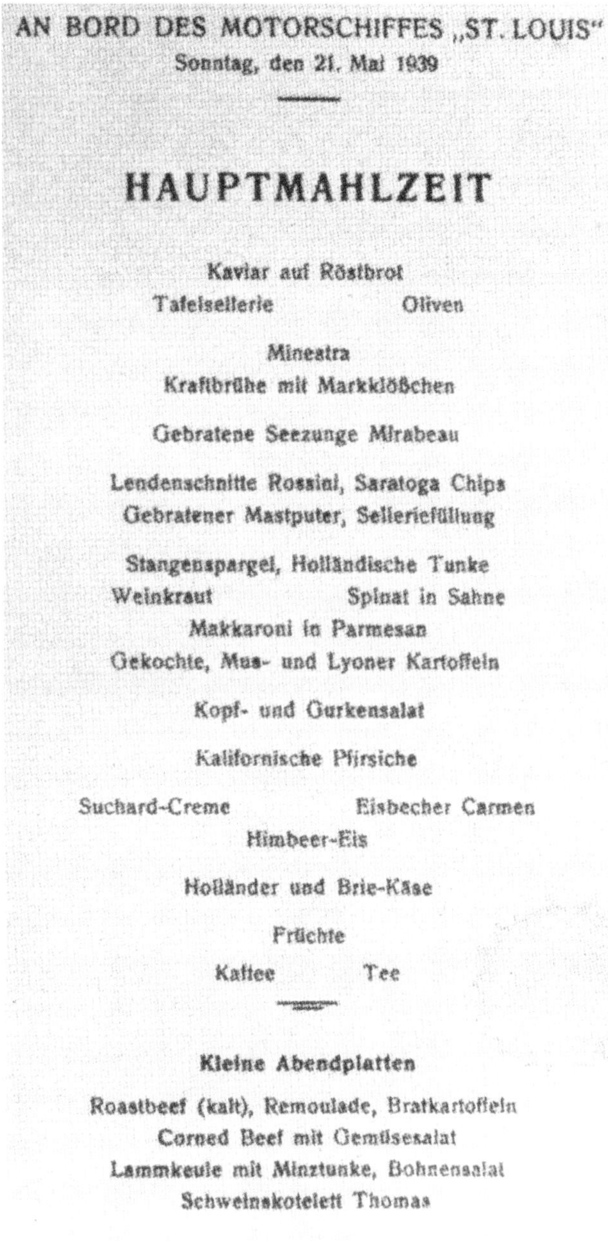

AN BORD DES MOTORSCHIFFES „ST. LOUIS"
Sonntag, den 21. Mai 1939

HAUPTMAHLZEIT

Kaviar auf Röstbrot
Tafelsellerie Oliven

Mineatra
Kraftbrühe mit Markklößchen

Gebratene Seezunge Mirabeau

Lendenschnitte Rossini, Saratoga Chips
Gebratener Mastputer, Selleriefüllung

Stangenspargel, Holländische Tunke
Weinkraut Spinat in Sahne
Makkaroni in Parmesan
Gekochte, Mus- und Lyoner Kartoffeln

Kopf- und Gurkensalat

Kalifornische Pfirsiche

Suchard-Creme Eisbecher Carmen
Himbeer-Eis

Holländer und Brie-Käse

Früchte

Kaffee Tee

Kleine Abendplatten

Roastbeef (kalt), Remoulade, Bratkartoffeln
Corned Beef mit Gemüsesalat
Lammkeule mit Minztunke, Bohnensalat
Schweinskotelett Thomas

➢ SONNABEND, 20. MAI 1939

Im Schnittpunkt des 40. Längen- und Breitengrades. Kaum Wind, kein Seegang. Sonne von morgens bis abends. Vormittags ist die Kommandobrücke zur Besichtigung freigegeben. An der Funkkabine wird bekanntgegeben, dass Telegramme abgesetzt werden können. Abends, nach der Hauptmahlzeit, findet ein Winzerfest mit Tanz statt. Trotz der Wärme werden die Herren im dunklen Anzug erscheinen.

➢ SONNTAG, 21. MAI 1939

Auf vielen Tischen stehen Blumen. Ansonsten Bordroutine. Ein mexikanischer Petroleumtanker begegnet der St. Louis auf seinem Weg nach Europa. Die Passagiere beobachten Schwärme von fliegenden Fischen.

➢ MONTAG, 22. MAI 1939

»Nur noch fünf Tage bis Havanna. Man muß schon daran denken, jetzt dies und jenes zu erledigen. Man läßt noch einmal waschen, ich kaufe einen kleinen Vorrat an Zigarren, es gibt ausgezeichneten englischen Tabak an Bord, ich werde mich vom Bordgeld ordentlich damit versehen«, plant Erich Dublon.

ÜPPIGE MENÜS WERDEN DEN PASSAGIEREN AN BORD GEBOTEN.

RECHTES BILD: MUNTERES BORDLEBEN – AUCH BEI KÜHLEM WETTER.

JEDER PLATZ AN DECK WIRD ZUM SONNENBADEN ODER AUSRUHEN GENUTZT.

➢ DIENSTAG, 23. MAI 1939

Wieder ein Sonnentag. Zehn Tage nach der Abfahrt aus Hamburg, auf Höhe der Bermudainseln, ereignet sich ein Trauerfall an Bord. Der Kapitän notiert: »Ein alter Lehrer, Moritz Weiler, der in Deutschland sein Leben lang mit seinen Kollegen in bestem Einvernehmen gearbeitet hatte, wird krank und stirbt. Sein letzter Wunsch war eine Bestattung auf See. Im Einvernehmen mit der Witwe wird die Leiche um 22 Uhr in aller Stille im Meer versenkt. Kaum sind der Erste Offizier und ich wieder auf der Brücke und das Schiff wieder in voller Fahrt, als vom Heck her ›Mann über Bord‹ telefoniert wird. Ein junger Balte, der mit seinem Bruder zusammen in der Küche arbeitet, ist über Bord gesprungen. Ich drehe das Schiff sofort um, lasse ein Boot aussetzen, alles mit Scheinwerfern ableuchten, vergebens.« Auch nach einer Stunde intensiver Suche wird der junge Tellerwäscher nicht mehr gefunden.

Von der Reederei treffen beunruhigende Nachrichten ein: »Situation in Havanna unübersichtlich. Gegenwärtig ist sogar St. Louis gefährdet. Tun Äußerstes, Landung zu ermöglichen.« Den Inhalt dieses Telegramms behält der Kapitän zunächst für sich, er wartet ab. Etwas später trifft die Nachricht ein, dass das Hapag-Schiff Orinoco ebenfalls keine Genehmigung erhalten habe, 200 Passagiere in Kuba an Land gehen zu lassen.

➢ MITTWOCH, 24. MAI 1939

Südlich der Bermudainseln. Sonne, Bordvergnügen rund ums Schwimmbad und Sportdeck. Nachmittags ein großes Kinderfest mit Schokolade, Eis und Kuchen. Abends ein Kostümfest für die Erwachsenen.

➢ DONNERSTAG, 25. MAI 1939

Vor den Bahamainseln. Tropische Hitze, reges Treiben um das Schwimmbad. Abends wird wieder ein Film gezeigt.

➢ FREITAG, 26. MAI 1939

Vor der Küste Floridas. Überall auf den Gängen stehen bereits gepackte Koffer. »Das Schwimmbad wurde bereits abgebaut, damit das Gepäck ausgeladen werden kann. Abends ist Tanz in der Halle, der Rest des Bordgeldes wird in Getränke umgesetzt«, so Erich Dublon.

➢ SONNABEND, 27. MAI 1939

Der Kapitän notiert: »Die Abfertigung und Landung der Fahrgäste sollte noch während der Dunkelheit vor sich gehen, um einem zu erwartenden Landungsverbot des Präsidenten der Republik Cuba zuvorzukommen. Dieser hatte aber schon am Abend vorher der Einwanderungsbehörde verboten, an Bord zu gehen. Es wird nun mit allen Mitteln versucht, ihn umzustimmen.«

Bereits um 4.00 Uhr bekommen alle Passagiere ihr Frühstück serviert, um pünktlich mit der Ausschiffung beginnen zu können. Um 4.30 Uhr erreicht die St. Louis den Hafen von Havanna und macht an der Pier fest. »Ein prächtiges Bild durch das Bullauge. Havanna, Stadt und Hafen, erleuchtet, die Sonne kommt schnell herauf, in Minuten ist's nun taghell. Die Stadt bietet uns ihre ganze Schönheit, hoch ragt das Kapitol auf, das Regierungsgebäude, die ersten Palmen grüßen uns im Morgenwind«, schwelgt Chronist Dublon.

»Als wir mit der Ausschiffung beginnen, erscheinen bewaffnete Männer in Uniform«, erzählt Kapitän Schröder in seinem Buch »Heimatlos auf hoher See«. »Sie zwingen die schon an Land Befindlichen, an Bord zurückzugehen, und besetzen die Gangway. Es fehlt nicht viel daran, daß die Emigranten eine gewaltsame Landung unternommen hätten.«

Barkassen bringen Freunde und Verwandte zum Schiff, müssen sich aber auf Distanz halten, nur Umkreisungen sind erlaubt. An Deck laufen die Passagiere mit. Es wird hin- und hergerufen. Die Barkassen bringen aber auch Behördenvertreter und Polizei an Bord – nur nicht die Vertreter der Einwanderungsbehörde. Die Pässe der Ausreisewilligen werden kontrolliert. Nur 26 Personen dürfen das Schiff verlassen, deren Auswahl bleibt zunächst rätselhaft. Das Schiff muss anschließend im Vorhafen vor Anker gehen, umkreist von Polizei-Barkassen.

ENDLICH IN HAVANNA: EIN SCHLEPPER BRINGT VERWANDTE DER PASSAGIERE ZUR ST. LOUIS.

SONNTAG, 28. MAI 1939, PFINGSTEN

Der zweite Tag im Hafen von Havanna. Ein amerikanischer Panzerkreuzer auf Flottenbesuch ankert ganz in der Nähe. Die Passagiere leiden immer mehr unter der feuchten Tropenhitze, um 35 Grad im Schatten. »Inzwischen ist klar geworden, daß es nun doch Schwierigkeiten wegen der Ausschiffung gibt, man packt sein Wasch- und Rasierzeug wieder aus und richtet sich auf einige weitere Tage ein«, schreibt Dublon in sein Tagebuch.

Am Nachmittag erlässt der kubanische Staatspräsident Federico Laredo Bru die Weisung, die St. Louis habe den Hafen wieder zu verlassen. Kapitän Schröder bittet das Deutsche Außenamt über seine Reederei um eine Verlängerung der Aufenthaltsgenehmigung – zwei Tage Frist zum Verlassen des Hafens werden darauf eingeräumt. Kapitän Schröder lässt sich an Land setzen. Über Mittelsmänner versucht er, den Präsidenten umzustimmen – vergeblich.

Gisela Feldmann erinnert sich an die dramatischen Stunden in Havanna: »Eine wunderbare Küste. Palmen, Strand und Sonne – wunderbar. Aber als wir dort ankamen, haben wir uns gewundert, warum wir so weit raus aus dem Hafen bleiben müssen. Und dann haben manche Leute gesagt, es ist ein großes Schiff, und der Hafen ist sicherlich nicht tief genug für so ein großes Schiff. Darum müssen wir hier draußen bleiben.«

Vor Kuba peinigt Phil Freund – wie alle anderen Passagiere an Bord – die Ungewissheit: »Was hatten wir falsch gemacht? Wir mussten warten und warten. Und die kubanischen Beamten sagten: ›Mañana, mañana‹ – aber aus dem morgen wurde nichts.« Auf einer der Barkassen, die immer wieder um die St. Louis fahren, ist auch Phils Onkel Werner Goldstein: »Wir haben ihm zugewinkt, und ich sagte meiner Mutter, dass ich über Bord springen wolle. Das war ziemlich dumm, denn ich konnte nicht schwimmen. Aber ich wollte unbedingt vom Schiff runter.«

Sol Messinger erkennt auf einer der Barkassen einen Onkel und eine Tante: »Sie waren auf dem kleinen Boot, das gerade neben unserem Schiff stoppte. Und meine Mutter, die Schokolade in Deutschland gekauft hatte, hat sie zu den Verwandten hinuntergeworfen. Und sie hat gesagt, die Schokolade wird nach Kuba kommen. Nur wir wissen noch nicht, ob wir nach Kuba kommen.«

Gisela Feldmann: »Was das Traurigste war: So viele Familien hatten schon Väter oder Familien auf Kuba. Und die sind auf Booten um die St. Louis herumgefahren und haben Namen gerufen. Und dann haben wir die Familien gesucht, sodass sie miteinander sprechen konnten. Wir waren so fern und doch so nah. Ich erinnere mich: Ein Mann hat zu seiner Frau gerufen: ›Wirf mein Kind runter. Sodass ich wenigstens mein Kind haben werde.‹ Natürlich hat sie das Kind nicht runtergeworfen. Aber es war so eine traurige Situation, die Väter haben ihre Kinder und Frauen gesehen und konnten nicht zusammenkommen.«

MONTAG, 29. MAI 1939, PFINGSTEN

Der dritte Tag im Hafen von Havanna. Die kubanische Polizei hat inzwischen an Bord einige Kammern, die Funkstation und den Laden versiegeln lassen. Erich Dublon: »Wir werden stark, aber liebenswürdig bewacht. Ich unterhalte mich lange mit einem der Leute, der etwas Englisch spricht. Die Polizisten tragen übergroße Mützen, Revolver und Polizeiknüppel, die aussehen wie gedrechselte Stuhlbeine. Einer der Leute ist ein besonderer Kinderfreund, er

Ein Landungsversuch in einer Bucht der Floridaküste missglückte, da schon Schnellboote und Flugzeuge dort waren, als wir den Liegeplatz erreichten.

- 163 -

151

Verhandlungen waren im Gange, um eine Landung gegen Zahlung von einer hohen Kopfsteuer irgendwo auf Kuba oder Haiti oder in den USA zu erreichen, aber ergebnislos.

Mehrere Male kamen Telegramme, die mich zur Umkehr oder Aufderstelletreten veranlaßten. Auch kamen von privater Seite Aufforderungen, ein illegales Landungsmanöver zu versuchen, wobei Zahlung jeder Summe in Aussicht gestellt wurde. Ich bat in der Rückantwort um Deponierung einer angemessenen Summe in New York, aber nichts dergleichen geschah. Kurz, ein tagelanges Hin-und Her, bis die Aussichtslosigkeit einer Aufnahme in Amerika klar zutage trat, und ich eine beschleunigte Heimreise antreten mußte. Bald darauf kam auch die entsprechende Order, denn die Bestände an Motorenöl, Proviant und Wasser erlaubten kein weiteres Spazierenfahren.

Ich hatte sogar ein Telegramm an die USA-Presse gestattet, um keine Möglichkeit ungenutzt zu lassen. Als auch dieses erfolglos blieb, arbeitete ich auf eine Landung in England hin.

Jetzt ging es mit vollen Umdrehungen nordostwärts mit einem Schiff voll von unglücklichen Menschen, die der Verzweiflung nahe waren. Jeder wollte von mir wissen, wie ich dieses Abenteuer zum Abschluß bringen würde.

Ein Komitee, bestehend aus sieben Rechtsanwälten, Ärzten und Kaufleuten hatten der Zahlmeister und ich zusammengestellt, mit dem in sachlicher Zusammenarbeit die Maßnahmen besprochen und durchgeführt wurden, die zur Aufrechterhaltung der Disziplin nötig waren. Dem Präsidenten Dr. Joseph und den Mitgliedern Dr. Vendig, Dr. Zellner, Leo Haas und Adolf Wolff bin ich für ihre selbstlose Beratung zu großem Dank verpflichtet. -

Ich empfand damals die sachliche Zusammenarbeit als einen Kraftquell ganz besonderer Art.

Außerdem gab es ein von Herrn Gustav Weil gebildetes Seelsorgekomitee, um bei Nervenzusammenbrüchen Beistand zu leisten, denn die Ärzte hatten genügend andere Patienten. Es kam sogar vor, daß die Seelsorger meine Hilfe in Anspruch nahmen; sie brachten die verzweifelten Gemüter zu mir und ich mußte Trost sprechen. Herr Weil und ich sind in dieser Zusammenarbeit Freunde geworden. – Ohne ihn u. sein Optimismus wäre ich nicht mit der Aufgabe fertig geworden

Ich entsinne mich auch, daß Herr Leo Haas mit seiner Gattin in diesen Tagen bei mir waren, und die Worte der feinen Frau klingen mir noch im Ohr: "Herr Kapitän, wir k ö n n e n doch gar nicht zurückkehren, wir haben doch alles verloren, und das K.Z. wird unser Ende sein, oder die Nordsee, wenn Sie mit uns bis Cuxhaven fahren!"

Ich wurde nachdenklich und wunderte mich gar nicht, daß es irgendwo im Schiff heimlich ein Sabotage-Komitee gab, wie mir am nächsten Morgen von ängstlichen Eltern, die mit ihren Kindern an Bord waren, verraten wurde. Die besorgten Familienväter bildeten auf meinen Rat ein "Anti-Sabotage-Komitee." Und ich selbst traf auch Gegenmaßnahmen.

Zunächst beruhigte ich die Aufgeregten im Einverständnis mit meinem Komitee mit der Ankündigung, daß ich vorläufig erstmals bis zu einem Punkt fahren würde, der gleich weit entfernt sei von New York, Kuba und Haiti. In etwa zwei Tagen mußten wir ihn erreicht haben auf unserem Kurs nach dem Kanal.

EINE DER MANUSKRIPTSEITEN MIT HANDSCHRIFTLICHEN ERGÄNZUNGEN UND KORREKTUREN AUS KAPITÄN SCHRÖDERS NACHLASS, DER ERST JETZT ENTDECKT WURDE.

DAS JÜDISCHE BORDKOMITEE (VON LINKS) DR. MAX WEIS, HERBERT MANASSE, DER VORSITZENDE JOSEF JOSEPH, DR. ARTHUR HAUSDORFF UND DR. MAX ZELLNER STEHT DEM KAPITÄN IN SCHWIERIGEN SITUATIONEN ZUR SEITE.

spaziert mit den Kleinen auf dem Promenadendeck herum und spielt den guten Onkel. Ein anderer hält eine Flasche mit roter Flüssigkeit in der Hand und betupft Mückenstiche, die viele Passagiere bekommen haben.«

➢ DIENSTAG, 30. MAI 1939

Der vierte Tag im Hafen von Havanna. Das Schiff liegt immer noch in der Bucht vor Anker. Kein Passagier darf an Land gehen. Und die zahlreich zur Begrüßung eingetroffenen Verwandten dürfen nicht an Bord. Lediglich der Sohn des verstorbenen Lehrers darf seine Mutter besuchen.

Kapitän Schröder in seinem Bericht an die Reederei: »Es hat sich der erste Selbstmordversuch ereignet. Rechtsanwalt Dr. Max Loewe aus Breslau, dessen Frau und Kinder an Bord sind, versuchte sich die Pulsadern aufzuschneiden und ließ sich über Bord fallen. Der Matrose Meier sprang ihm nach und hielt ihn so lange über Wasser, bis die Barkasse kommt, in welche er trotz Protest und Abwehr hineingezogen werden konnte. Schiffsarzt Dr. Glauner kann den Verzweifelten so weit stabilisieren, daß er in ein Krankenhaus in Havanna eingeliefert werden kann. Seine Familie muß auf dem Schiff bleiben. So wird Dr. Loewe der einzige sein, der auch nach Abfahrt der St. Louis auf Kuba bleibt. Gleich darauf versuchte es ein anderer mit Gift, auch ein Jurist; er wurde aber wieder zu sich gebracht. Während der Nacht versuchte eine Frau über Bord zu springen. Und eine ganze Zahl anderer sagte offen, daß sie es auch tun würden, wenn das Schiff mit ihnen den Hafen verließe.«

Ein Vertreter des »Joint Committee« versichert den Enttäuschten, dass alles Menschenmögliche getan werde, um ihre Rückkehr nach Deutschland zu verhindern. Durch diesen unbedachten Satz kommt es zum ersten offenen Aufruhr unter den Passagieren. Inzwischen schlägt das Schicksal der St. Louis international Wellen. Die »New York Times« berichtet auf ihrer Titelseite. Ein US-Filmteam wird nach Havanna entsandt. Von Organisationen wird Geld gesammelt, um dem kubanischen Präsidenten Garantiesummen für jeden Flüchtling anzubieten.

➢ MITTWOCH, 31. MAI 1939

Der fünfte Tag im Hafen von Havanna. Die Unruhe unter den Passagieren wächst. Unterschriften aller Frauen werden gesammelt, um ein gemeinsames Telegramm an die Frau des kubanischen Präsidenten zu schicken. Gerüchte machen die Runde, dass die Lande-Permits doch gültig sein sollen, kubanische Minister sollen einer Landung inzwischen zugestimmt haben. Aber nichts wird bestätigt. In dieser Situation handelt der Kapitän und stellt ein Bord-Komitee aus fünf jüdischen Passagieren zusammen: Arzt Dr. Max Weis aus Bonn-Beuel, Kaufmann Herbert Manasse aus Berlin sowie die Rechtsanwälte Dr. Josef Joseph (als Komitee-Vorsitzender) aus Rheydt, Dr. Max Zellner aus Ostrowo und Dr. Arthur Hausdorff aus Köln. Zu denen später noch Sally Guttmann und Dr. Ernst Vendig kamen.

An Bord wird folgende Mitteilung angeschlagen: »Diese Herren werden durch die Schiffsleitung von allen Maßnahmen laufend unterrichtet. Die Passagiere werden gebeten, sich nur auf Mitteilungen zu verlassen, die von der Schiffsleitung durch das bestehende Komitee bekanntgegeben werden.«

Jüdische Vertrauenspersonen, eingesetzt von einem Kapitän aus dem nationalsozialistischen Deutschland – ein ungewöhnlicher Schritt. Das Komitee tritt am gleichen Tag zum ersten Mal zusammen und wird vom Kapitän über die neuen Schwierigkeiten informiert.

Außer diesem Bord-Komitee wird von Rabbiner Gustav Weil ein Seelsorge-Komitee gegründet, das die Aufgabe hat, bei zahlreichen Nervenzusammenbrüchen Beistand zu leisten. Schröder: »Die Ärzte hatten genügend andere Patienten. Sie brachten die ganz verzweifelten Gemüter zu mir, und wenn kein Trost mehr half, mußte eben zu einer Notlüge gegriffen und eine Landung in England versprochen werden.«

➢ DONNERSTAG, 1. JUNI 1939

Der sechste Tag im Hafen von Havanna. Am Nachmittag erhält Kapitän Schröder vom kubanischen Präsidenten die Anweisung, den Hafen zu verlassen. Der Kapitän gibt daraufhin den Passagieren und der Besatzung die Abfahrt, aber auch die Fortsetzung der Verhandlungen bekannt: »Die kubanische Regierung zwingt uns, den Hafen morgen zu verlassen. Sie hat uns erlaubt, noch bis morgen bei Tage hierzubleiben, und es wird die Abfahrt auf 10 Uhr, Freitagmorgen, festgesetzt. Mit der Abfahrt sind die Verhandlungen keineswegs abgebrochen. Die Schiffsleitung bleibt in Verbindung mit sämtlichen Organisationen und amtlichen Stellen und sucht mit allen Mitteln eine Landung zu erreichen. Wir werden in der Nähe der amerikanischen Küste bleiben.

Schröder, Kapitän.«

Danach werden die Passagiere im Großen Speisesaal zusammengerufen. Neben dem Kapitän und Mr. Berenson vom Jüdischen Komitee aus New York die Mitglieder des Bord-Komitees. Mr. Berenson berichtet über die gescheiterten Verhandlungen mit dem kubanischen Präsidenten Bru. Er beschwört die Passagiere, Ruhe zu bewahren und die Hoffnung nicht aufzugeben.

Sol Messinger: »Jeder hatte Angst, dass wir nach Deutschland zurückfahren. Und wir wussten, meine Eltern wussten, die anderen wussten, dass, wenn wir nach Deutschland zurückkommen, wir in ein Lager kommen würden.«

Dann verschärft sich die Lage: »Als kurz vor der Abfahrt noch zwei Familien durch Sondererlaubnis des kubanischen Präsidenten an Land gehen dürfen, kommt es zu dramatischen Szenen«, notiert der Kapitän in seinem Bericht.

➢ FREITAG, 2. JUNI 1939

Der siebte Tag in Havanna – die letzte Frist ist verstrichen. Die Barkassen dürfen nicht mehr zur St. Louis fahren. Das Schiff muss um 11 Uhr den Hafen verlassen, eskortiert von kubanischen Marineeinheiten. Mit 907 Passagieren, nur 29 haben in Kuba an Land gehen dürfen. Dublon: »Ganz Havanna ist auf den Beinen, tausende von Autos halten die Straße am Hafen besetzt, aus allen Fenstern hängen Menschen.«

Kapitän Schröder: »Da ich während des Auslaufens Vorfälle befürchten muß, bitte ich die Hafenpolizei, uns mit Barkassen zu begleiten, und verlasse den Hafen so langsam wie möglich mit meist gestoppten Maschinen.« Der Kapitän verstärkt die Wachen an Deck. Er befürchtet weitere Selbstmordversuche. Schröder: »Eine so melancholische Abfahrtstimmung habe ich noch nie erlebt. Ich muß Trost sprechen. Die Worte einer Frau klingen mir noch in den Ohren: ›Herr Kapitän, wir können gar nicht zurückkehren. Alles haben wir dort verloren, und das KZ wird unser Ende sein ... oder die Nordsee. Wenn Sie mit dem Schiff heil bis Cuxhaven hineinkommen, dürften Sie wohl etwa hundert Kabinen leer vorfinden, denn wir fürchten das KZ mehr als den Tod.«

HAVANNA IST ZUM GREIFEN NAH – ALLE HOFFEN AUF DIE ERLAUBNIS ZUM LANDGANG.

Herbert Karliner: »300 Familien hatten sich abgesprochen, sie wollten ins Meer springen, bevor wir nach Deutschland kommen.«

In der »New York Times« erscheint ein weiterer ausführlicher Bericht über das Schicksal der Flüchtlinge auf der St. Louis und das sich anbahnende Drama. Es wird über Selbstmordversuche und die Reederei-Order, nach Deutschland zurückzukehren, berichtet – die Weltöffentlichkeit ist spätestens von diesem Tag an informiert. Allerdings wird damit auch die amerikanische Küstenwache alarmiert. Sie behält die St. Louis genau im Auge.

Von der Hamburger Reedereizentrale erhält Kapitän Schröder ein verschlüsseltes

Telegramm: Es sei dringend notwendig, bis zum 18. Juni in Cuxhaven einzulaufen und die Passagiere zurückzubringen, da bereits zwölf Tage später, am 30. Juni, die nächste Kreuzfahrt ab New York beginnt.

Dublon: »Der Tag vergeht – wir hängen in der Luft.«

➢ SONNABEND, 3. JUNI 1939

Kapitän Gustav Schröder lässt die St. Louis zunächst Richtung Norden steuern, auf die Ostküste von Florida zu. Er gibt die Hoffnung auf erfolgreiche Verhandlungen mit Kuba oder den Vereinigten Staaten noch nicht auf. Ständig kommen neue Telegramme herein und werden am Schwarzen Brett veröffentlicht: »We are working, keep your courage« und »Havanna noch hoffnungsvoll, erwarten heute endgültige Entscheidung – Hapag New York«, damit versuchen die jüdischen Organisationen und die Reederei an Land den Passagieren Mut zu machen.

»Ich kam sogar auf den Gedanken, eine illegale Landung an der Floridaküste zu versuchen. Klar zum Aussteigen waren die Passagiere jederzeit, dafür hatte ich durch entsprechende Rücksprache mit dem Bord-Komitee gesorgt«, schreibt Schröder in seinem Bericht. In Florida will er die Flüchtlinge mit Rettungsbooten an Land setzen. Was er plant, ist durch keinen Auftrag gedeckt. Das Vorhaben endet jedoch bereits in einem kleinen Hafen nahe Miami Beach: Das US-Coast-Guard-Boot CG 244 läuft auf die St. Louis zu. Mit Morsezeichen wird das

"All the News That's Fit to Print."

The N

XXVIII...No. 29,715.

Entered as Second-Class Matter, Postoffice, New York, N. Y.

NTON TESTIFIES BIG CASH LOANS ROM LITIGANTS

NED $664,000

by $500,000 From Various ncial Moves

LENT $250,000

ceiver Bought Stock on Concern—Case each Jury Today

pt of the testimony of ton, on Pages 8 and 9.

ngs" of at least $664,000 its and others, often on otes, for himself and for s he dominated, were desterday by Martin T. rmer senior judge of the rt of Appeals, in Federal re before Judge W. Calt and a jury, the trial of charges of selling justice tly toward its close.

he former tenth ranking the United States judicred himself under the of United States Atn T. Cahill as a man who office, which co-incidenis Federal chambers, and he "loans" and also exeancial manoeuvres by profited to the extent of 00,000 more.

ms did not include what

Flying Boat Cavalier To Be Replaced in July

Special Cable to THE NEW YORK TIMES.

HAMILTON, Bermuda, June 2. —The council of the Bermuda Chamber of Commerce has been informed by its London representative that a new Imperial Airways flying boat to replace the Cavalier, which sank in the Gulf Stream with a loss of three lives Jan. 21, will leave England at the end of July to enter the service between here and the United States. The new ship will be similar to the Cavalier, which carried thirteen persons on its fatal trip.

The council also endorsed representations by its representative in London for a flying boat comparable to the forty-two-ton Boeing clippers of the Pan American Airways.

MARTIN DISPUTED BY GEOGHAN AIDE

Madden Denies He Agreed That Abortion Case Indictment Should Be Dismissed

Testifying yesterday as a prosecution witness at the bribery trial of his friend and former court room associate, Assistant District Attorney Francis A. Madden of Brooklyn contradicted Kings County Judge George W. Martin's version of a conversation they had concern-

ROOSEVELT SHUN BUSINESS APPEA TO MEND LABOR A

White House Dinner Party No Sign President Favor Change, Says Hopkins

HE RELIES ON LEISER

This Appointment to N Will Remove Cause of M Criticism, He Told Gues

By FELIX BELAIR JR. Special to THE NEW YORK TIMES.

WASHINGTON, June 2.—A ently unmoved by appeals of ness and industrial leaders wh him at a White House conf last night that the National Relations Act was retarding ness recovery, President Ro has no intention of sponsorin revision of the statute in th mediate future, it was indica day.

This impression, which brought away from the after meeting with the Chief Ex by eight business leaders last was confirmed today by Se Hopkins, who told a specia conference that "there was dication at the meeting that President) was in favor amendment to the act—he so indicate."

Although many specific mendations for amendment labor statute were suggested group last night, according Hopkins, he said that it follow that either he or the dent would necessarily pur recommendations of the A Council. The success of the did not require that "the ment should meet busine way," he added.

Memorandum on Labor

The complete views of the on the Labor Relations Ac

DIE WELTPRESSE NAHM NOTIZ VON DER ST. LOUIS UND IHREN VERZWEIFELTEN PASSAGIEREN.

w York Times.

LATE CITY EDITION

Fair, slightly warmer today. Tomorrow fair and warmer, showers in the afternoon or at night.
Temperatures Yesterday—Max., 75; Min., 61

YORK, SATURDAY, JUNE 3, 1939. P THREE CENTS NEW YORK CITY and Vicinity | FOUR CENTS Elsewhere Except in 7th and 8th Postal Zones.

eported Ousting
ls Opposing Him

e to THE NEW YORK TIMES.
Y, June 2.—According
kshire Post, Chancellor
ler has retired more
y officers who held
pointments in the Ger-
s owing to their oppo-
. policy that might in-
many in a war on two

rge," following that of
1938, prior to Herr Hit-
ion of Austria, now in-
e Yorkshire Post says,
n. Fritz Loeb, who is
sponsible for the mili-
anization of industry
Four Year Plan; Gen-
n von Stuelpnagel, one
hest officers in the Ger-
Force; General Quade,
ant of the Air Force
General Curt Liebmann,
ant of the War Acad-
d General Hermann
ommander in Chief of
Army Corps.
year's precedent is any
he Yorkshire Post says,
ems to have been a sharp
ween political and mili-
ers of the Reich, ending
n in victory for the for-

BER SUBMITS REVISION PLAN

5 P. C. Corporate Levy
ks Morgenthau Views
Two Reservations

l to THE NEW YORK TIMES.
NGTON, June 2.—The
of Commerce of the Unit-
put before the Ways and
mmittee today its plan for
e and long-range revision
x structure. It endorsed
reservations the program
d to the committee last
Secretary Morgenthau.
th C. Alvord, vice chair-
its committee on Federal
presented the chamber's

STATESMEN ASSURE POPE THEY INTEND TO MAINTAIN PEACE

Pius Discloses Avowals From Governments—He Now Sees a Smoother Path to Accord

PONTIFF TO PUSH EFFORTS

Congratulated by Cardinals on Name Day—Greece Accuses Italy of Massing Troops

By HERBERT L. MATTHEWS
Wireless to THE NEW YORK TIMES.

VATICAN CITY, June 2.—Pope Pius XII said today that he had received "assurances of good-will and of a determination to maintain peace" from the governments he approached last month and that "other information" had given him greater hopes that influential statesmen could be induced to overcome obstacles to an understanding.

The Pontiff declared all this encouraged him to continue his efforts for peace.

This was the first public declaration that the Pope had made regarding his diplomatic efforts, and he incidentally made clear that the situation early last month, when he stepped in, had appeared singularly grave.

Today was the Pope's name day, and it was in responding to the congratulations that the dean of the Cardinals, Gennaro Granito Pignatelli di Belmonte, offered on behalf of the Sacred College that he made these references to peace.

The Vatican was beflagged and public officials had a holiday. Hundreds of telegrams came in from all over the world, while many members of the diplomatic corps went to the Vatican to sign a special register. The United States has no diplomatic representation at the Vatican and hence no United States official attended.

LOSS OF 86 IN SUBMARINE FEARED AS TIDE ENGULFS IT; 4 ESCAPE, SOME DIE IN EFFORT

907 Refugees Quit Cuba on Liner; Ship Reported Hovering Off Coast

Rumor That United States Will Permit Entry Is Spread to Avert Suicides—Company Orders St. Louis Back to Hamburg

By R. HART PHILLIPS
Wireless to THE NEW YORK TIMES.

HAVANA, June 2.—The liner St. Louis, carrying 907 Jewish refugees from Germany whom the Cuban Government refused to permit to land, left Havana Harbor at 11:30 this morning in compliance with a decree signed by President Federico Laredo Bru.

The St. Louis cleared for Hamburg, Germany, according to the Cuban customs authorities. Her distraught passengers hope she will remain somewhere in the waters of the Western Hemisphere while friends, relatives and Jewish relief associations negotiate for their admittance to some other country.

Luis Clasing, agent here for the Hamburg-American Line, refused to discuss the possibilities of a later agreement with the Cuban immigration authorities. He said the ship had left for Hamburg.

"Of course, it might go elsewhere first," he added. "However, we have nothing definite on this."

Nestor Pou, Consul of the Dominican Republic, stated tonight that he had transmitted to Señor Clasing an offer by his government to receive the refugees before the St. Louis sailed. He said the only requirement was the deposit of a bond of $500 for each of the refugees.

Señor Pou said he had notified Lawrence Berenson of the National Coordinating Committee of New York, who is here attempting to solve the situation of the refugees, no reply from either.

So far, he said, he had received reply from either.

President Juan D. Arosamena of Panama has granted special authorization to Dr. and Mrs. Julius Lewith, passengers aboard the St. Louis, to enter his country, it was announced tonight by Dr. Ventura de Llunde, a Havana attorney.

Dr. Lewith, who was a prominent surgeon in Vienna, already has obtained quota numbers for himself and his wife for entry into the United States, according to Dr. de Llunde, and it is planned to transfer them at the first port the St. Louis enters.

The Lewiths have two sons residing in New York.

Dr. de Llunde also said an appeal had been made to the President of Panama to admit all the refugees on the St. Louis, since all have suf-

Continued on Page Four

TAPPING IS HEARD

British Divers Tell of Sounds as the Air in Vessel Fades

PLAN TO DRAG SHIP ASHORE

Vast Array of Rescue Craft Spurs Efforts, Though Hope for Men Is Small

By W. F. LEYSMITH
Special Cable to THE NEW YORK TIMES.

LONDON, Saturday, June 3.—With at least eighty-six air-starve
men still entombed in the sunke
British submarine Thetis, the ster
of that vessel slipped from th
grasp of rescuing ships in Liverpoo
Bay yesterday afternoon and fro
then on hope rapidly diminished o
saving any more than the four me
who yesterday morning floated t
the surface from the submerge
escape hatch of the ship.

At 2 A. M. divers, who in a stron
tide were endeavoring to attac
pontoon cables with which th
Thetis might be floated and dragge
to shallower water, reported the
heard faint tappings within the su
marine. The Admiralty adamant
refused to disclose any of the me
sages that passed between the in
prisoned men and the outsi
world.

The depth at low water w
approximately half the length of t
submarine, and at most she w
not tilted more than 45 degre

CITY FOOD MENACED

NAVY STARTS WORK

ated.
s—such as Jihlavia,
mixed population
Germans, the Ger-
a minority—Czech
sed to the ‘—me
sm. Czech families
he woods, not dar-
heir own beds for
rome. And German
by the Nazis who
Germany for the
h scythes and cry,
it comes’."

eps" From War

ealed for the first
he was President of
he was "only a
from war and the
ople were prepared
lves by arms to the

ir great sacrifice,
a unique example
rifice for the bene-
r. Benes said. "But
ailed to solve any
disputed questions
I must put to you
estion:
that a nation which
sacrifices for the
world, endeavoring
other nations from
ering as the price
own body, can this
doned now to the
uman procedure of
assination, spiritual
material demoli-
world of the free
is? I refuse to be-

no doubt that the
stance against the
uction are on the
nbling," said Mr.
an be said that the
of fascism has over-
rk—in the spiritual
s in that of political
nciple its decline is
ned, though we may
it for a while and
comrade in arms
our side.
of humanity knows
condemned before
w it, then, too, and
However much he
nself, however far
spread intimidation
nisery, degradation,
fears, despair and
r much of all this
contemplating from
seat—and he feels
and historical at the
is broken, nothing
d work will last be-
re false and vain;

"We want to create the American dream—a finer and more democratic America. I cannot do it without you. You cannot do it omitting me."

This decision was reached at today's meeting, after some personal dissensions among the members had been ironed out. The vote by

of a safety bureau, which he himself will direct, to organize the safety services of French Line ships both at sea and while in port.

907 REFUGEES QUIT CUBA ABOARD LINER

Continued From Page One

ficient means of support and can post bonds and all have quota numbers for entry into the United States.

Port police this morning took over all small craft on which relatives and friends of the refugees have been circling the St. Louis, anchored in midharbor, during the past few days in attempts to converse with those on board. Only official boats were permitted to approach the liner.

The authorities provided a boat to carry on exchanges of letters between the passengers and those who had lined the shore since the early hours of this morning, straining their eyes to see the figures at the rail. Gifts of fruit, books and other articles also were delivered to the St. Louis.

There was little display of emotion by those on shore as the vessel weighed anchor. Refugees thronged to the rails of the St. Louis and waved frantically to families and friends along the sea wall as the vessel negotiated the channel and sailed past Morro Castle into the open gulf.

[The Associated Press quotes The Miami Herald as stating that one of its staff members, checking up by plane, found the St. Louis had halted twelve miles off Havana, "apparently in response to appeals from powerful influences in the United States who have undertaken to straighten out the situation so that the refugees may be landed either at Havana, to await immigration under the quota restrictions into the United States, or at some other port on the Atlantic Coast."]

Police officers said those on board controlled their feelings remarkably well, apparently buoyed up by the hope that some solution of their predicament would ultimately be found.

About twenty launches filled with port police and marines escorted the liner from the harbor and a short distance beyond Morro Castle to prevent any passenger from jumping overboard.

Max Loewe, a refugee passenger who slashed his wrists and jumped overboard Wednesday, was left in Calixto Garcia Hospital, where he is in grave condition. His wife and two children departed on the St. Louis.

Airplane passengers arriving at Havana this afternoon said they saw the St. Louis about fifteen miles off the coast, steaming slowly eastward.

Efforts are still being made to persuade the Cuban Government to permit the refugees to land, but little hope is expressed in official circles. It is reported that another country which will accept the refugees is being sought.

Attempts to reach Colonel Fulgencio Batista, Cuba's military leader, to interest him in the plight of the St. Louis's passengers have failed so far.

Six Permitted to Land

HAVANA, June 2 (AP).—There was a flurry of excitement among German Jewish refugees on the liner St. Louis today when six of their number were permitted to land, leading to the belief that the Cuban Government had lifted its ban against all of them.

Of the 937 aboard the liner when it arrived last Saturday, twenty-nine were permitted to remain in Cuba, as they had all the necessary papers. One other remained in a hospital.

To avert collective suicide attempts as the liner left Havana by Presidential order, word was spread on board that the United States Government had authorized their landing in New York if continuing efforts for their entry into Cuba failed. Kept from them was the news from Washington that government officials there said no arrangements had been made for them to land in New York or any other United States port.

Ship's officers chose thirty-six of the men passengers to keep their comrades from any suicide attempts.

Ship Ordered to Hamburg

HAMBURG, Germany, June 2 (AP).—The Hamburg-American Line notified the captain of the liner St. Louis at Havana today to return to Germany with his shipload of Jewish emigrants if they could not be landed promptly. Earlier it had protested to the Cuban Government against orders forbidding the landing of 907 refugees.

Hamburg-American Line officials said five Cuban consuls in various German cities had issued visas for entrance of the refugees into Cuba. They said all the visas were in perfect order.

No one in Hamburg would venture a guess as to the ultimate fate of the Jews aboard the St. Louis. It was indicated that the possibility of landing the refugees at some other port in the Western Hemisphere was being investigated. There was no indication that the German Government had interested itself in the future of the refugees.

It was reported some of the passengers feared they would be put into concentration camps if the St. Louis brought them back to Germany, but in informed quarters it was said that their ultimate disposition would "depend on the circumstances of individual cases."

The St. Louis had been scheduled to go to New York to make vacation cruises after calling at Havana. It was believed that delay in disposing of the passengers might cause the vessel to miss sailings.

Negotiations With Cuba Go On

WASHINGTON, June 2 (AP).—Word reaching authoritative quarters indicated today that negotiations for landing German Jewish refugees in Cuba were being continued by the Cuban Government and American Jewish relief organizations.

Washington officials said no arrangements had been made to permit the refugees to land in New York or any other American port.

They added that no negotiations to this end had been undertaken either by Cuba or the Hamburg-American Line.

Two Groups Seek a Solution

Every possible effort is being made by the National Coordinating Committee and the American Jewish Joint Distribution Committee "to bring a satisfactory conclusion" to the problem of the refugees on the Hamburg-American liner St.

d was then appoint-
at Tela, Honduras,
l from 1931 to 1935,
ssigned to Lisbon.

g to a statement is-
by Professor Joseph
a on behalf of the

amberlain said that
ives of the commit-
Berenson and Miss
ky, were sent to
the news came that
passengers were not
to land. His state-

n and Miss Razov-
ction with the local
ittee, have made
alleviate the plight
rd the ship. We are
ant communication
entatives, and there
ility that a solution
before the St. Louis
n waters."

RDERED BACK

Paraguay Bar 200
uts Doors to 104

ES, Argentina, June
ndred German-Jew-
day were ordered to
many after Paraguay
refused to admit

, aboard the liners
e Olivia and Men-
hoped to debark at
uguay, and continue
y, but their Para-
re not honored.
d fruitlessly to Pres-
M. Ortiz for permis-
Argentina when the
at Buenos Aires.

Y, June 2 (UP).—The
epartment today said
nits had been denied
efugees from Europe
Veracruz yesterday
o get permission to

Costa Rica, June 2
reme Court today
twenty Jewish refu-
een permitted to en-
temporarily but had
ordered to leave.
ected a plea for ha-
cits in behalf of the
ng an exception only
woman who recent-
nother. The govern-
order the expulsion
mediately.

pendence Dragoons, toasted t
United States Army and declare
it was today the greatest factor f
peace.

At noon Foreign Minister Oswald
Aranha gave a luncheon for th
United States mission. Among th
guests were Ambassador Jefferso
Caffery of the United States an
Justice Minister Francisco Camp
of Brazil.

Cuba to Go on Daylight Tim

Wireless to THE NEW YORK TIMES.

HAVANA, June 2.—Daylight-sa
ing time will go into effect in Cu
at midnight Sunday and will term
nate the first Sunday in Septe
ber under a decree signed by Pre
dent Federico Laredo Bru toda
Petitions by merchants and indu
trialists are responsible for the a
rangement, which was tried duri
the Machado regime for one Su
mer but failed to become popul
at that time.

Shanghai Skyscraper Planne

SHANGHAI, June 2 (UP).—T
American-owned Shanghai Te
phone Company, subsidiary of I
ternational Telephone and Te
graph, today announced plans
construct within the next two yea
a skyscraper office building in t
heart of the International Sett
ment.

GUSTAV SCHRÖDER VOR EINEM DER RETTUNGSBOOTE DER ST. LOUIS.

Hapag-Schiff aufgefordert, sofort umzudrehen und den Hafen wieder zu verlassen. Schröder: »Als der Ankerplatz erreicht war, kamen Küstenwachboote und Flugzeuge, um die Landung zu verhindern. Also manövrierte ich das Schiff wieder aus dem Hafen heraus und fuhr weiter.« Vor der Küste Floridas steht er jetzt vor einem anderen Problem: Treibstoff, Trinkwasser, Öl und Proviant werden knapp.

Herbert Karliner: »Ich habe Miami Beach vom Schiff aus gesehen. Das hat mir sehr imponiert. Und ich habe gedacht, hier möchte ich mal leben. Und als wir ganz in die Nähe der Küste von Miami kamen, da kamen die Coast-Guard-Schiffe, und über Lautsprecher haben sie gesagt, dass wir nicht näher kommen dürfen. Das Schiff muss wieder raus.«

Ein weiteres Telegramm wird an den amerikanischen Präsidenten verfasst: »Präsident Roosevelt: Wiederholen dringenden Hilferuf der St. Louis. Helfen Sie, Herr Präsident, den 900 Passagieren, darunter über 400 Frauen und Kinder.« Ein Jahr zuvor hatte der US-Präsident sich auf einer internationalen Konferenz für die Aufnahme jüdischer Flüchtlinge starkgemacht. Auch Eleanor, seine Frau, war für ihr soziales Engagement bekannt.

Gisela Feldmann: »In Amerika war Wahlkampf, und der Präsident hatte Angst, wenn er zu viele Leute ins Land lässt und die Arbeitslosigkeit steigt, dass er die Wahl verliert.« Der Präsident und seine Frau ignorieren den Hilferuf – vergeblich warten die Passagiere auf eine Antwort. Obwohl die USA schon in Sichtweite sind, muss die St. Louis zurück auf den offenen Atlantik.

Sol Messinger: »Das gehört zu den Dingen in der Geschichte der Vereinigten Staaten, und auch in meiner Geschichte, die mich stören. Natürlich hätten sie uns reinlassen sollen. Wir mussten aus Deutschland fliehen – und die USA sind ein riesiges Land.«

Kapitän Schröder in seinem Tagebuch: »Die Einzigen, die sich in all den kritischen Tagen nicht beunruhigen lassen, sind die Kinder. Sie machen sich sogar über ihr Schicksal lustig, indem sie ein Spiel erfunden haben, das heißt ›Juden haben keinen Zutritt‹. An einer Barriere stehen zwei Jungs mit strenger Amtsmiene und verhören die Einlaß begehrenden Kameraden. Ein kleiner Berliner, der an der Reihe ist, wird angeschnauzt: ›Juden haben keinen Zutritt.‹ ›Oh‹, bittet er, ›lassen Se mir man durch, ick bin doch bloß een ganz kleener.‹«

Von New York aus versucht das »Jewish Joint Distribution Committee« Länder zu finden, die die Flüchtlinge der St. Louis doch noch aufnehmen. Aber keine Regierung fühlt sich verantwortlich – auch Kanada macht die Grenzen dicht. Die Welt lässt den Kapitän und seine über 900 Passagiere allein.

Der Kapitän: »Jetzt geht es mit vollen Umdrehungen nordostwärts mit einem Schiff voller unglücklicher Menschen, die der Verzweiflung nahe sind. Jeder will von mir wissen, wie ich dieses Abenteuer zum Abschluß bringen werde. Ich fahre nach Norden und verlasse die Florida-Straße, allerdings unter großer Beunruhigung der Passagiere. ›Kapitän, wohin fahren Sie uns?‹ fragen sie verzweifelt, wenn sie mich bei der Runde sehen. Und zum ersten Male in meinem Leben muß ich auf diese Frage antworten: ›Das weiß ich noch nicht.‹ Aus Hamburg ist keine Hilfe zu erwarten. Für die Hapag ist jeder zusätzliche Tag auf See ein Kostenfaktor. Außerdem wird das Schiff gebraucht.«

Sol Messinger: »Die Entwicklung spielte Hitler in die Hände: Kuba und die USA wollten die Juden nicht reinlassen. Hitler konnte sagen: Die ganze Welt verurteilt uns, weil wir keine Juden im Land haben wollen, aber die anderen Länder wollen sie ja auch nicht. Warum regen sich dann alle über uns auf?«

Zur gleichen Zeit in Deutschland: Das Auswärtige Amt in Berlin hält sich für nicht zuständig und reicht den unangenehmen Vorgang an die »Reichszentrale für jüdische Auswanderung« weiter, die der Gestapo direkt untersteht. Von dort erhält die Reederei die Information, man solle sehen, dass man die Juden ohne viel

THE NEW YORK TIMES, SUNDAY, JUNE 4, 1939

AS GERMAN REFUGEES WERE BARRED AT HAVANA BY CUBAN GOVERNMENT

Some of the 907 Jews from the Reich waving from the decks of the German liner St. Louis as the ship sailed out of the harbor

VATICAN OPTIMISTIC ON PEACE PROSPECT

Pope to Continue His Efforts —'Satisfied' With Response

Wireless to THE NEW YORK TIMES.

VATICAN CITY, June 3.—Vatican circles expressed themselves as "very well satisfied" today with the world-wide response to Pope Pius's address yesterday in which he expressed his hopes that peace would be maintained.

The impression given was one of renewed optimism. It seems certain that the Pontiff has been encouraged to continue diplomatic efforts to bring about a "sincere understanding" between quarreling nations.

An idea as to what Vatican circles might consider a solution of Europe's present troubles has appeared in the independent Catholic newspaper Avvenire.

"Europe can still save herself by her own efforts," it writes. "A bilateral German-Polish and another bilateral Italo-French understanding, and the dawn of peace would show on the horizon. A conference restricted to the interested powers for a fair solution of the problems of colonies and raw materials, and the sun of peace would rise to the zenith. Is not this the august wish of Pope Pius?"

PASSAGIERE WINKEN VON BORD BEIM VERLASSEN DES HAFENS VON HAVANNA.

Aufsehens woanders loswird. Immerhin chartert man vorsorglich in Cuxhaven einen Seeschlepper, um jederzeit 30 Gestapo-Leute an Bord der St. Louis bringen zu können. Bei ihrer Ankunft sollen die Passagiere in Gewahrsam genommen werden, um anschließend in Konzentrationslager gebracht zu werden.

➢ SONNTAG, 4. JUNI 1939

Erich Dublon: »Neue Meldungen kommen. Einer der Führer des Joint ist heute, obwohl Sonntag ist, beim kubanischen Präsidenten und verhandelt über unser Schicksal. Das Telegramm lautet hoffnungsvoll, die Stimmung an Bord ist etwas gebessert, bei Kaffee und Konzert in der Halle merkt man den Menschen ihre Sorgen nicht an.«

➢ MONTAG, 5. JUNI 1939

Kaum Seegang. Morgens erreicht die St. Louis ein Funkspruch aus Hamburg: »Bitte fahren Sie 24 Stunden langsam. Wenn Sie inzwischen nichts Gegenteiliges hören, stoppen Sie. Wir werden Sie instruieren, nach Havanna zurückzukehren, wenn es nötig ist.«

Abends, um 18 Uhr, kommt ein Telegramm vom »Joint Committee«: »Bitte informieren Sie die Fahrgäste, daß die Landung auf der kubanischen Insel Pinos genehmigt ist.« Langsam geht der Kapitän wieder auf Südkurs – Richtung Kuba. Kapitän Schröder: »Aber als die Zeit verstrichen war, in der die Order aus Hamburg hätte da sein müssen, und da ich es für den Fall einer doch noch notwendigen Heimreise mit Rücksicht auf unsere Ausrüstung an Öl, Wasser und Proviant nicht mehr verantworten konnte, länger zu warten, beschloß ich, Kurs auf Europa zu nehmen.«

➢ DIENSTAG, 6. JUNI 1939

Auf Veranlassung des Kapitäns sind nun 60 wichtige Punkte auf dem Schiff mit zusätzlichen Wachposten besetzt, um »Unvorhergesehenes« zu verhindern. Von der Hapag erhält Kapitän Schröder ein weiteres Telegramm: »Wenn Landung in Kuba nicht möglich ist. Fahren Sie direkt nach Deutschland.« Das Schiff läuft mit voller Fahrt nun Kurs Nordost – Richtung Europa.

Vormittags, um 11 Uhr, schickt das Bord-Komitee erneut an den Präsidenten der USA, den Oberbürgermeister der Stadt St. Louis, die Nachrichtenagentur Associated Press und verschiedene jüdische Organisationen folgendes Telegramm: »Wiederholen dringenden Hilferuf der St. Louis + Helfen Sie, Herr Präsident, den 900 Passagieren, darunter über 400 Frauen und Kinder + Das Committee«. Mit einer schnellen Antwort des amerikanischen Präsidenten wird allerdings nicht gerechnet, er empfängt zur gleichen Zeit das britische Königspaar.

Phil Freund: »Die Passagiere waren am Boden zerstört. Sie wussten, sie würden getötet. Wenn wir in Hamburg, Bremerhaven oder sonst wo an Land gegangen wären, hätten sie uns verhaftet und in ein Konzentrationslager gebracht. Das wäre unser Ende gewesen.«

Zusammen mit dem Zahlmeister bittet Schröder das Bordkomitee um Unterstützung bei den entsetzten und deprimierten Fahrgästen. Unter den Passagieren kommt es zu Nervenzusammenbrüchen, überall auf dem Schiff wird medizinische Hilfe benötigt. Das Komitee und Gustav Weil gehen von Kabine zu Kabine, um zu helfen und Trost zu spenden.

REFUGEE SHIP IDLES OFF FLORIDA COAST

Liner St. Louis Is Watched by Coast Guard—Efforts to Find Haven Continue

Special to THE NEW YORK TIMES.

MIAMI, Fla., June 4.—The Hamburg-American liner St. Louis, carrying some 900 Jewish refugees from Germany to whom Cuba has denied admission, cruised leisurely through Caribbean waters tonight after twenty-four hours spent idling along the lower Florida East Coast. She had previously anchored twelve miles offshore.

➢ MITTWOCH, 7. JUNI 1939

Ein weiteres Telegramm aus dem Hapag-Büro in New York: »Die Verhandlungen schreiten weiter fort – bitte telegraphieren Sie den letzten möglichen Augenblick an dem Ihr Proviant es Ihnen erlaubt nach Havanna oder St. Domingo zurückzukehren.«

NEW BRIBE CHARGED T... BY TAXI O...

Accusation, Not ir... Made by Presid... Parmelee Company

BACKS $20,000 PAYMENTS

Evidence Shows Although Five Signed Report for Inquiry, Only One Was at Hearings

Another bribery charge, not included in the indictment, was made from the witness stand yesterday against the defendant in the General Sessions trial of Edward S. Moran Jr., former Brooklyn Assemblyman, in the alleged acceptance of $36,000 in bribes in 1936 from the heads of two taxicab companies.

Levin Rank, president of the Parmelee Transportation Company, who previously had told Judge James Garrett Wallace and the jury he had sent the defendant $20,000 of his company's money for

...DS ...AIN ...DES

...gion ...h's 'Encircling Enemies'

ADMITS HE SENT TROOPS

'Christian Democracies,' Not Bolshevism, Are Targets in Victory Parade Speech

By OTTO D. TOLISCHUS
Wireless to THE NEW YORK TIMES.

BERLIN, June 6.—Simultaneously with her ally, Italy, Greater Germany today formally celebrated the conclusion of her successful intervention in Spain, when the Condor Legion, some 15,000 strong, held its victory parade before Chancellor Adolf Hitler and assembled German and Spanish generals, and was then welcomed home by Herr Hitler in a speech bristling with defiance of Germany's "encircling enemies."

Dispatched secretly to fight

Cuba Recloses Door to Refugees; 48-Hour Limit on Offer Expires

President Rejects Counter-Proposal to Admit 252 in Addition to 907 on the St. Louis—Liner Reports Heading for Europe

By R. HART PHILLIPS
Wireless to THE NEW YORK TIMES.

HAVANA, June 6.—The Cuban Government will not permit the 907 Jewish refugees from Germany aboard the Hamburg-American liner St. Louis, now somewhere on the Atlantic, to land at any Cuban port, Secretary of the Treasury Joaquin Ochotorena told the press today following a conference with President Federico Laredo Bru.

He cited in explanation the expiration of the forty-eight-hour period granted last Sunday to Lawrence Berenson of the National Coordinating Committee of New York to post cash bonds of $500 for each refugee and to furnish additional guarantees to cover lodging and food for the group in a proposed concentration camp on the Isle of Pines.

Señor Ochotorena, one of a committee appointed by the President to handle the refugee negotiations, declared that Mr. Berenson yesterday afternoon presented a counter-proposal which was unacceptable. Therefore, he added, no arrangements for admittance of the refugees was possible. He said he would

in the National City Bank of New York, $40,000 to be subscribed by the refugees and $203,000 which he undertook to raise from New York Jewish aid organizations—on the condition that Cuba also admit ninety-eight refugees aboard the French liner Flandre and 154 on the British steamer Orduna, both turned away by the Cuban authorities.]

Mr. Berenson tonight expressed surprise over the Cuban action, but he asserted he was still trying to make an agreement with the government.

"The announcement at the Presidential Palace came as a complete surprise," he said, "and I am at a loss to understand it. I am attempting to communicate with the President's conferees.

"The New York committee and my associates and myself here have been working night and day continuously in the definite hope that the refugees aboard the St. Louis would be admitted to Cuba. We sincerely hope the Cuban Government will

CUBA AGAIN ASKED TO ADMIT EMIGRES

$500,000 Bond Deposited for 907 on the St. Louis—Case 'Closed,' Says Havana

➢ DONNERSTAG, 8. JUNI 1939, FRONLEICHNAM

Grauer Himmel, graue See. Die Seekrankheit geht wieder um, der Speisesaal ist nur noch spärlich besetzt. Weiterhin treffen zahlreiche Telegramme auf dem Schiff ein: »Gemäß Kabel aus New York wird jede mögliche Bemühung durch Warburg und Zentral-Komitee angestrengt um Rückkehr nach Europa zu vermeiden – Hapag Hamburg.« Das Interesse der Passagiere ist jedoch gering, da sich ihre Lage nicht verbessert.

Irgendwann in diesen Tagen entwickelt Kapitän Schröder eine ganz andere Idee, um seine Passagiere nicht nach Deutschland zurückbringen zu müssen. Er hält sie in einer unauffälligen Notiz fest – auf einem kleinen Zettel, angefügt an das Manuskript zu seinen Reiseerinnerungen: »Ich arbeitete mit dem Leitenden Ingenieur einen Plan aus, nach dem die Fahrgäste an der englischen Kanalküste als Schiffbrüchige gelandet werden können. Zu diesem Zweck sollte das Schiff bei Ebbe, Nacht und Nebel sachte auf den Strand gesetzt und die Emigranten unter Vortäuschung einer Havarie und Feuer im Schiff schnell an Land gebracht werden. Bei Flut könnte das Schiff wieder freikommen. Ein Platz für dieses Manöver – zwischen Plymouth und Dover gibt es mehrere – war schon ausgesucht. Dieser Gedanke gab mir Ruhe und Sicherheit für das, was kommen sollte«, so Schröder.

HANDSCHRIFTLICHE NOTIZEN VON GUSTAV SCHRÖDER, DIE AN SEIN MANUSKRIPT GEKLEBT WAREN.

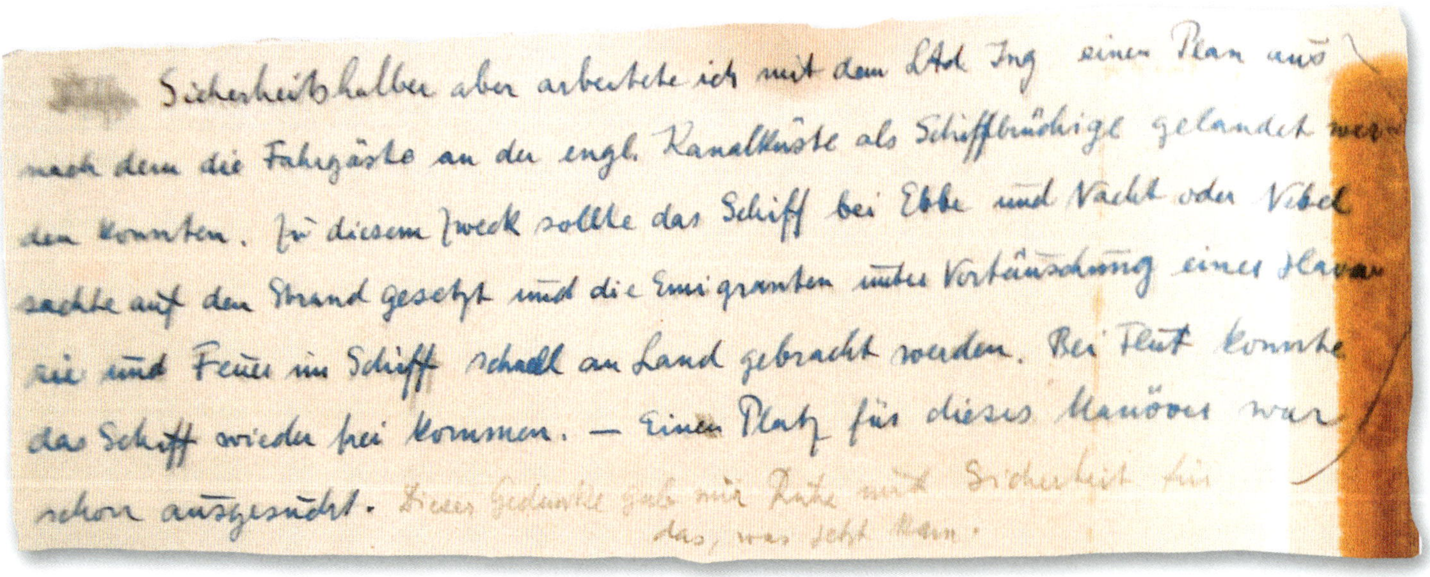

Sicherheitshalber aber arbeitete ich mit dem Ltd Ing einen Plan aus
nach dem die Fahrgäste an der engl. Kanalküste als Schiffbrüchige gelandet wer-
den konnten. Zu diesem Zweck sollte das Schiff bei Ebbe und Nacht oder Nebel
sachte auf den Strand gesetzt und die Emigranten unter Vortäuschung einer Hava-
rie und Feuer im Schiff schnell an Land gebracht werden. Bei Flut konnte
das Schiff wieder frei kommen. – Einen Platz für dieses Manöver war
schon ausgesucht. Dieser Gedanke gab mir Ruhe und Sicherheit für
das, was jetzt kam.

Der Plan muss zügig vorbereitet werden, da die St. Louis schon am 16. Juni den Ärmelkanal erreichen soll.

Der Leitende Ingenieur – Mitwisser des Plans – ist längst verstorben. So ist das Selbstzeugnis des Kapitäns in seinem Manuskript der einzige Beleg für dessen Existenz.

➢ FREITAG, 9. JUNI 1939

Regen, Seegang. »Nach einem kurzen Besuch auf der Kommandobrücke, um den Kurs auf den Englischen Kanal einsteuern zu lassen, ging ich durchs Schiff. Überall roch es nach Verzweiflung und Panik. Überall trafen mich fragende Blicke. Vor dem Speisesaal begegnete ich zwei Herren vom Komitee, Dr. Joseph und Dr. Zellner, die auch keine Ruhe mehr fanden. Ich übergab ihnen die Telegramme mit den Worten: ›Vom Westen ist nichts mehr zu hoffen. Ich bitte das Komitee um zehn Uhr zu mir.‹ Dr. Joseph antwortete: ›Wie sag ich es meinem Kinde?‹, und Dr. Zellner setzte hinzu: ›Kapitän, ich bin kein Feigling, aber vor der Fahrt durch die Nordsee habe ich direkt Angst.‹ Schröder ganz leise: ›Ich auch.‹«

Die zunehmende Nervosität auf dem Schiff trieb das Komitee schon vor zehn Uhr zum Kapitän. »Als ich dem Komitee dann reinen Wein einschenken wollte«, so Kapitän Schröder in seinen Aufzeichnungen, »mußte inzwischen etwas vom Abbruch der Beziehungen zur ›Neuen Welt‹ durchgesickert sein.« Wenige Minuten später war es im ganzen Schiff herum, und es entstand ein panikartiger Zustand. In dichten Haufen kamen die Männer die Treppe herauf und drängten zur Brücke.«

Der Kapitän sitzt noch mit den Männern des Komitees in seiner Kabine, als er alarmiert wird. Der Erste Offizier kommt mit der Meldung, dass überall im Schiff Aufregung ist und man sich zusammentut, um irgendetwas zu unternehmen. Schröder: »Was ich jetzt tue, tue ich instinktiv. Den Ersten Offizier bitte ich beim Komitee zu bleiben und eile zur Haupttreppe hinab. Die erregten Menschen kommen mir schon lärmend entgegen. Mit dem Ruf ›Halt, wohin wollen Sie?‹ stelle ich mich vor die Treppe, und tatsächlich, sie stutzen. Weiter kann ich aber mit meiner Stimme nicht durchdringen. Ich werde umringt. Alles schreit durcheinander. Es fallen Worte wie ›Wir wollen nicht zurück nach Europa‹, ›Wir zwingen ihn umzukehren‹ oder ›Wir stiften Brand!‹ Da kommt mir einer der Männer aus der Menge zu Hilfe, indem er laut brüllt: ›Ruhe, der Kapitän will reden.‹ In das erwartungsvolle Schweigen hinein kann ich jetzt mit gutem Gewissen versprechen, eine Landung in England werde schon irgendwie gemanagt. Nur bitte ich dringend, keinesfalls etwas Unüberlegtes zu unternehmen, um sich diese Chance nicht zu verderben. Dann setze ich eine Vollversammlung in der großen Halle an. Tatsächlich gehen sie gehorsam in den Saal, der sich allmählich füllt. Die Haltung der Passagiere tut mir wohl, wie ein Vertrauensvotum.«

»Gleich darauf stehen wir vor neunhundert im wahrsten Sinne des Wortes Heimatlosen. Dabei ergriff mich selbst das Gefühl der Heimatlosigkeit. Mir war, als ob die ganze St. Louis von der Welt ausgestoßen sei und jetzt versuchen müsse, diesen ungastlichen Planeten zu verlassen; denn auf eine Anerkennung ihrer prosemitischen Haltung konnte die Besatzung des Schiffes bei der Regierung nicht rechnen«, fürchtet der Kapitän.

In der Halle spricht zunächst der Kapitän, danach der Komitee-Vorsitzende Dr. Joseph. Schröder: »Noch heute bedauere ich, den Text dieser Stegreif-Rede nicht aufgeschrieben zu haben. Sie war ein Meisterwerk. Dr. Joseph pflanzte in alle Herzen Vertrauen und rief zu einer würdevollen Haltung auf: ›Komme, was da kommen mag. Die ganze Welt schaut auf uns!‹«

Die Männer wurden dadurch etwas aufgerichtet. Bei den Frauen herrschte weiter eine verzweifelte Stimmung. Nach einer halben Stunde ist die Ruhe wieder einigermaßen hergestellt. Schröder: »So konnten wir überlegen, was wir am nächsten Tag zur Beruhigung unternehmen wollen.«

➢ SONNABEND, 10. JUNI 1939

Kapitän Schröder in seinem Buch »Heimatlos auf hoher See«, das er nach Kriegsende schrieb: »In einem Gespräch bat ich einige Männer, die im KZ gesessen hatten, ihre Erlebnisse zu schildern. Sie schauten sich um, als ob sie Horcher fürchteten. Worauf ich einwarf, ob es denn verboten sei, darüber zu sprechen. Sie sahen mich verlegen an und schwiegen. Dann sagte einer von ihnen: ›Lieber Kapitän, ich wage tatsächlich nicht darüber zu sprechen, denn wer weiß, was uns noch bevorsteht. Aber Sie können mir glauben, lieber tot als das noch einmal.‹ In ihren Augen war eine furchtbare Angst vor der Rückkehr dorthin zu lesen, aber nicht minder eine feste Entschlossenheit, alles für die Rettung einzusetzen. Wer einmal mit Verständnis in solch verzweifelte Augen geblickt hat, vergißt es nicht.«

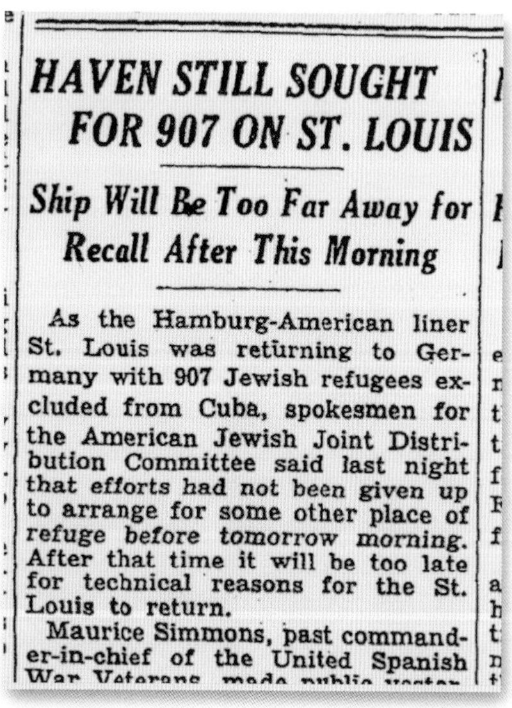

HAVEN STILL SOUGHT FOR 907 ON ST. LOUIS

Ship Will Be Too Far Away for Recall After This Morning

As the Hamburg-American liner St. Louis was returning to Germany with 907 Jewish refugees excluded from Cuba, spokesmen for the American Jewish Joint Distribution Committee said last night that efforts had not been given up to arrange for some other place of refuge before tomorrow morning. After that time it will be too late for technical reasons for the St. Louis to return.

Maurice Simmons, past commander-in-chief of the United Spanish War Veterans made public yester-

Weiter berichtet Schröder in seinem Buch: »Nun wunderte es mich auch gar nicht, als mir ein besorgtes Ehepaar, das mit seinen Kindern an Bord war, ein unten im Schiff tagendes Sabotage-Komitee verriet. Sie hatten es belauscht, als ein Plan besprochen wurde, in der Nordsee eine Katastrophe herbeizuführen. Man neigte dazu, das Schiff in Brand zu stecken, aber es standen auch noch andere, früher durchzuführende Unternehmungen zur Diskussion, z. B. eine Meuterei. Im Augenblick konnte ich nichts anderes tun, als ihnen den Rat zu geben, ein Anti-Sabotage-Komitee zu gründen, um die Brandstifter zu kontrollieren. Mit ihnen hätte ich selbst gerne ein ernstes Wort gesprochen, aber sie witterten Verrat und gaben sich keine Blöße mehr. Es blieb mir nichts anderes übrig, als die Brücke in Verteidigungszustand zu setzen und überall im Schiff scharfe Kontrollen auszuüben.«

➢ SONNTAG, 11. JUNI 1939

Nebel und Regen. Kurs Europa. »Entnervend das Auf und Ab der Stimmungen. Meldungen kommen, die sich nicht bestätigen. Nachrichten werden angekündigt, die dann nicht kommen. Man ist diesen Zustand, der nun schon zwei Wochen dauert, wirklich leid«, notiert Dublon. Die gefasste Stimmung der Emigranten blieb durch Vollversammlungen aufrechterhalten. Jeden Morgen trafen sie sich in der großen Halle.

➢ MONTAG, 12. JUNI 1939

In der Fünf-Uhr-Versammlung wird ein Telegramm vom europäischen Joint verlesen: »Als europäischer Vorsitzender des amerikanischen Joint Distribution Committee möchte ich Euch jede erdenkliche Möglichkeit zusichern, unterwegs einen Hafen zu finden für die St.-Louis-Passagiere, der schon mit Aussicht auf Erfolg gefunden ist – wir hoffen in den nächsten 36 Stunden Definitives darüber zu erhalten – Sagt den Passagieren, sie sollen Hoffnung haben – Morris C. Troper, Paris.«

➢ DIENSTAG, 13. JUNI 1939

Sonne, ruhige See. Dann die Wende, an die viele auf der St. Louis schon nicht mehr geglaubt haben: Endlich gehen positive Nachrichten über ein mögliches Anlaufen von Antwerpen ein. Vier Länder erklären sich für die Aufnahme von Flüchtlingen bereit: England, Frankreich, die Niederlande und Belgien wollen je ein Viertel der Flüchtlinge aufnehmen.

»Wenn auch manche Passagiere durch die vielen Enttäuschungen mißtrauisch geworden waren, so machte sich doch bald Entspannung und Zufriedenheit bemerkbar. Man sah wieder zuversichtliche Menschen und hörte Musik, die tagelang unerwünscht war«, schreibt der Kapitän in seinen Aufzeichnungen.

Abends kommt die Bestätigung von Dr. Morris C. Troper: »Endgültige Vereinbarung für die Ausschiffung aller Passagiere zustande gekommen. Ich bin glücklich, Ihnen mitzuteilen, daß die Regierungen von Belgien, Holland, Frankreich und England zugestimmt haben. Der Kapitän wird in Kürze wegen der Landung

DR. MORRIS C. TROPER UND SEINE FRAU.

Anweisung erhalten. Ich bitte um baldige Bestätigung, daß Sie dieses Telegramm erhalten haben.«

Das jüdische Hilfskomitee hat für die St. Louis einen sicheren Hafen gefunden; doch Kapitän Schröder hatte dafür die Voraussetzungen geschaffen: Durch sein umsichtiges Verhalten sowie seine geschickte Verzögerungstaktik hat er die Verhandlungen erst ermöglicht.

➢ MITTWOCH, 14. JUNI 1939

»Gleich nach dem Frühstück werden wir zusammengerufen, das Komitee erscheint in der Halle. Das Telegramm vom Joint wird verlesen. Groß ist die Freude. Die Zeit- und Leidgenossen gratulieren sich gegenseitig. Der Kreislauf der Tränen ist geschlossen; nun sehe ich wieder Freudentränen, wie im Hafen von Havanna. Nun beginnt das große Rätselraten, in welches Land wir kommen. Können wir selbst wählen, oder welche Richtlinien gelten? Die frohe Stimmung findet ihren Ausdruck in einem bunten Abend mit Tanz«, beschreibt Dublon die Erleichterung der Menschen an Bord.

Sol Messinger: »Als wir hörten, dass wir nicht nach Deutschland fahren, war jeder sehr froh.«

Phil Freund: »Der Kapitän hat keine großartigen Ansagen gemacht – das hätte seiner Art auch nicht entsprochen. Aber als wir hören, dass wir nach Antwerpen fahren, wissen wir, dass wir in Sicherheit sind.«

Die Passagiere verfassen ein Telegramm an Morris C. Troper, ihren Retter: »Die 907 Passagiere der St. Louis, die in den vergangenen 13 Tagen zwischen Hoffnung und Verzweiflung geschwankt haben, haben Ihre befreiende Nachricht vom 13. Juni erhalten, daß abschließende Vereinbarungen für alle Passagiere erreicht werden konnten. Unsere Dankbarkeit ist so groß wie der Ozean, auf dem wir seit dem 13. Mai getrieben sind. Voller Hoffnung für eine gute Zukunft, nach einer Vergangenheit voller Verzweiflung. Bitte nehmen Sie, Herr Vorsitzender, für sich, für das amerikanische Committee und nicht zuletzt für die Regierungen von Belgien, Holland, Frankreich und England unseren tiefen und ewigen Dank der Männer, Frauen und Kinder, verbunden im gleichen Schicksal an Bord der St. Louis, entgegen.«

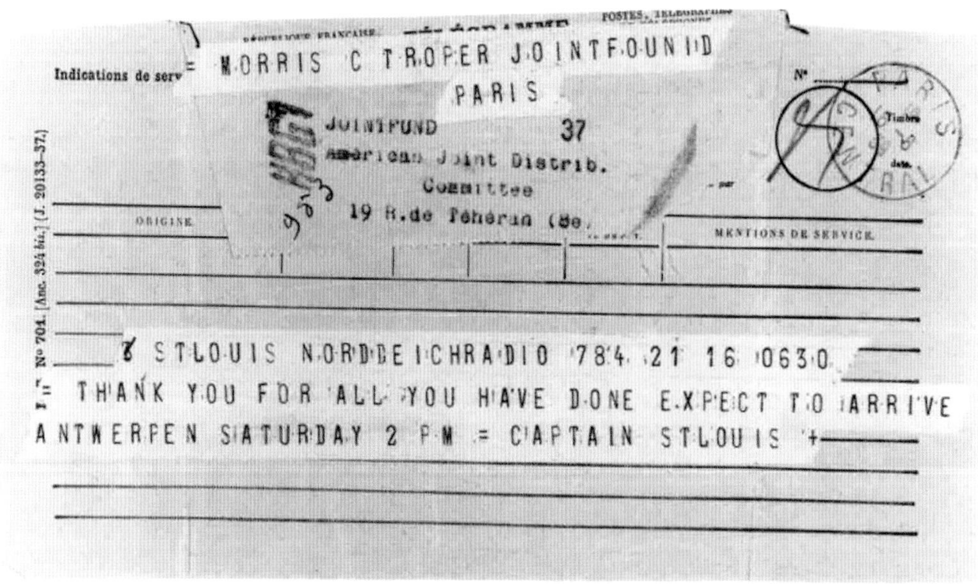
Indications de serv = MORRIS C TROPER JOINTFOUNID
PARIS
JOINTFUND 37
American Joint Distrib.
Committee
19 R.de Téhéran (8e.
ORIGINE
MENTIONS DE SERVICE
Nº 704. (Anc. 324 bis.) (J. 20133-37.)
STLOUIS NORDDEICHRADIO 784 21 16 0630
= THANK YOU FOR ALL YOU HAVE DONE EXPECT TO ARRIVE ANTWERPEN SATURDAY 2 PM = CAPTAIN STLOUIS +

DONNERSTAG, 15. JUNI 1939

Nebel und Regen. Das Schiff nähert sich dem Ärmelkanal. Kapitän Gustav Schröder erhält von seiner Reederei in Hamburg die offizielle Order, Antwerpen anzulaufen.

FREITAG, 16. JUNI 1939

Sonne. Reger Schiffsverkehr. Die englische Küste ist bereits zu erkennen.

THE NEW YORK TIMES, THURSDAY, JUNE 15,

gar in Moscow
o Be Wealthy

NEW YORK TIMES.
ne 14.—Beggars—
and women from
not infrequently
reets of Moscow,
now in far fewer
a few years ago,
police have just
who astounded

r-old woman who
front of a church.
arched her they
her clothing 1,071
change and two
oks showing de-
24 rubles besides
ts" belonging to

take the average
vorker thirty-five
nth and sixteen

ST. LOUIS EMIGRES HEAD FOR ANTWERP

Those Who Are to Get Refuge on Continent Will Land There, Probably Tomorrow

OTHERS TO GO TO BRITAIN

Belgian Senator Asks Parley to Solve Problem of Influx of Reich Refugees

Wireless to THE NEW YORK TIMES.

ANTWERP, Belgium, June 14.—The Hamburg-American liner St. Louis will put in at this port, prob-

BRAZIL TO PAY ON DEBT

July Installment May Lead to Conference With Americans

Special Cable to THE NEW YORK TIMES.

RIO DE JANEIRO, Brazil; June 14.—Brazil will make a payment on her dollar debt next month

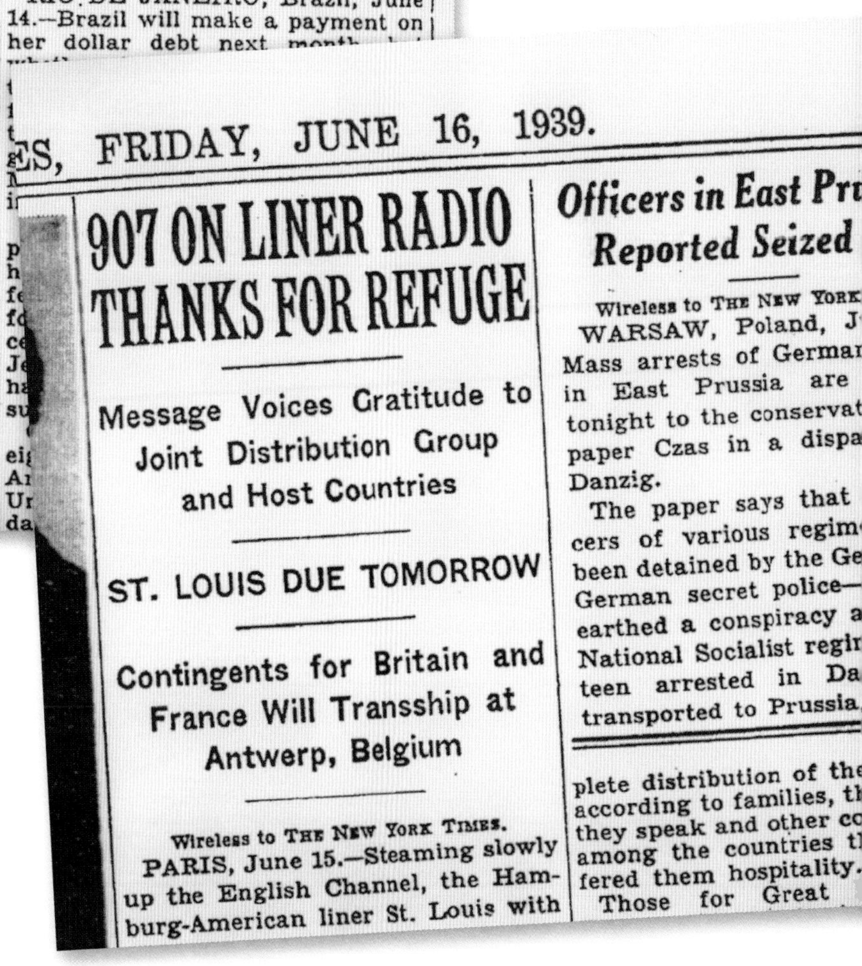

ES, FRIDAY, JUNE 16, 1939.

907 ON LINER RADIO THANKS FOR REFUGE

Message Voices Gratitude to Joint Distribution Group and Host Countries

ST. LOUIS DUE TOMORROW

Contingents for Britain and France Will Transship at Antwerp, Belgium

Wireless to THE NEW YORK TIMES.

PARIS, June 15.—Steaming slowly up the English Channel, the Hamburg-American liner St. Louis with

Officers in East Pr
Reported Seized

Wireless to THE NEW YORK
WARSAW, Poland, J
Mass arrests of Germar
in East Prussia are
tonight to the conservat
paper Czas in a dispa
Danzig.
The paper says that
cers of various regim
been detained by the Ge
German secret police—
earthed a conspiracy a
National Socialist regir
teen arrested in Da
transported to Prussia.

plete distribution of the
according to families, th
they speak and other co
among the countries th
fered them hospitality.
Those for Great

BEIM ANLEGEN IN ANTWERPEN PASSIERT DAS HAPAG-SCHIFF PATRIA DIE ST. LOUIS.
AM 23. MAI 1945 WIRD AUF DER PATRIA IM FLENSBURGER HAFEN DIE LETZTE DEUTSCHE REICHS-REGIERUNG UNTER GROSSADMIRAL KARL DÖNITZ VON ALLIIERTEN VERHAFTET.

ENDLICH LAND IN SICHT – DIE ST. LOUIS LÄUFT IN DEN HAFEN VON ANTWERPEN EIN.

DIE MENSCHEN DRÄNGEN SICH AN DER RELING, VOLLER HOFFNUNG AUF FREIHEIT.

MIT BELGISCHEN POLIZISTEN UND BEHÖRDENVERTRETERN WIRD DIE AUSSCHIFFUNG VORBEREITET.

➢ SONNABEND, 17. JUNI 1939

Um sieben Uhr morgens kommt der Lotse an Bord. Am Vormittag, um 9.15 Uhr, kommen bereits vor Vlissingen an der Scheldemündung Dr. Troper und Mitarbeiter vom jüdischen Hilfskomitee an Bord der St. Louis. Sie werden unter großem Jubel begrüßt. Liesel Joseph, die an diesem Tag ihren elften Geburtstag feiert, verliest einen Begrüßungsbrief: »Lieber Mr. Troper! Die Kinder der St. Louis danken Ihnen aus vollem Herzen für ihre Rettung aus tiefster Not. Sie erflehen Gottes Segen für Sie. Leider wachsen an Bord keine Blumen, wir hätten Ihnen gerne einen Strauß überreicht.«

Wenig später erreicht das Schiff Antwerpen. Noch bevor die St. Louis anlegt, gehen Einwanderungsbeamte an Bord. Um 14 Uhr begrüßt eine große Menschenmenge das Schiff am Scheldekai, Schuppen 18. Reporter und Pressefotografen aus zahlreichen Ländern kämpfen an der Pier um die besten Plätze. Alle Flüchtlinge drängen sich dicht an dicht an der Reling. Sie wollen einen Blick auf das Land werfen, das sie in Kürze aufnehmen wird. »Nach Erfüllung einiger Formalitäten, Zoll- und Paßkontrolle, steigen wir vom Kahn herunter und haben endlich

wieder festen Boden unter den Füßen«, beendet Erich Dublon seinen Reisebericht.

Die Familie von Sol Messinger wird von Angehörigen erwartet. Sol: »Wir waren auf dem Deck. Und es waren viele Menschen da, Verwandte von Passagieren.«

Sonja Sternberg: »Wir waren alle sehr glücklich. Alles ist so schnell gegangen.« Noch auf dem Schiff werden die Flüchtlinge auf ihre neuen Bestimmungsländer verteilt. Sonja und ihre Schwester stellen sich in der Schlange für

GLÜCKLICHE MENSCHEN, STRAHLENDE GESICHTER – DIE PASSAGIERE NEHMEN ABSCHIED VON DER ST. LOUIS UND IHREM RETTER, DR. MORRIS C. TROPER (OBEN LINKS).

England an. Gisela: »Wir hatten ein Telegramm von meinem Vater, und er sagte: ›Wählt England.‹ Ich glaube, viele Leute wollten ganz gerne nach England, denn wir hatten das bisschen Wasser zwischen uns und Deutschland, und ich glaube, dass man geglaubt hat, dass ein Krieg ausbrechen wird.«

GLÜCKLICHE PASSAGIERE,
DIE ENDLICH AN LAND GEHEN DÜRFEN.
OBEN IN DER MITTE: DR. MORRIS C. TROPER.

907 REFUGEES END VOYAGE IN ANTWERP

272 to Remain in Belgium— City Authorities Severe in Dealing With Them

By GEORGE AXELSSON
Wireless to THE NEW YORK TIMES.

ANTWERP, Belgium, June 17.— The five-week cruise of 907 Jewish refugees in search of a country that would admit them ended here today when the St. Louis docked in Antwerp harbor.

Although the ship docked soon after 2 o'clock this afternoon the contingent of 272 allowed to land in Belgium could begin debarking

Gisela kann den extra aus England angereisten Einwanderungsbeamten überzeugen: Sie ergattert ein Visum für das Vereinigte Königreich: »Der Offizier hat mir seine Telefonnummer gegeben, sodass, wenn wir nach London kommen und Hilfe brauchen, ich ihn anläuten soll. Mein Englisch muss geholfen haben, dass er meinte, einem jungen Mädel die Telefonnummer zu geben. Und er hat uns geholfen, nachdem wir nach London kamen.«

Kapitän Schröder erinnert sich an den Moment, als die Passagiere von Bord gingen: »Ihr dankbares Abschiednehmen war rührend und bewegte mich tief und unvergeßlich.«

Noch am gleichen Tag bringt ein schwer bewachter Sonderzug das belgische Flüchtlingskontingent mit 214 Flüchtlingen nach Brüssel, wo sie in Hotels untergebracht werden.

RECHTES BILD:
FÜR DIE 100. REISE GIBT ES FÜR JEDEN
ZWEI HALBE LITER HAMBURGER BIER.

Hamburg-Amerika Linie

Stadtgespräche: Sammel-Nummer 32 10 01 - 32 10 02 · Ferngespräche: Nr. 32 69 50
Bankkonto: Deutsche Bank und Disconto-Gesellschaft, Fil. Hamburg · Drahtwort: Hapagkost

Abteilung Schiffsausrüstung

In der Antwort bitte anzugeben: V/B.

Hamburg 1, Alsterdamm 25

den 19. Juni 1939.

Herrn
Kapitän Gustav S c h r ö d e r,
M/S. " St. Louis " 99. Reise,
c/o. Hapag - Lloyd
Pier 86., North River,
<u>N e w Y o r k.</u>

Sehr geehrter Herr Kapitän S c h r ö d e r !

Wie Ihnen bekannt , ist die am 30. Juni in New York beginnende Westindienreise die hundertste Reise des Schiffes. Bekanntlich ist es bei uns Brauch, nach Rückkehr von einer solchen Jubiläumsreise im hamburger Hafen der Bedeutung, im Rückblick auf zurückgelegte glückliche Fahrt, durch einen kurzen Appell zu gedenken.

Da die " St. Louis " ja aber einstweilen für längere Zeit von Hamburg abwesend sein wird, möchten wir Sie auf Wunsch von Herrn Direktor L a s s a l l e und im Einvernehmen mit Herrn Dr. V o s s bitten, der 100. Reise durch einen kurzen Appell während Ihrer Westindienreise zu gedenken. Höchstwahrscheinlich wird sich ja die Gelegenheit in einem der Anlaufshäfen dazu bieten, wenn die Passagiere an Land sind; anderenfalls muss während der Fahrt der vordere 3. Klasse-Speisesaal für die kleine Feier genommen werden, zu der dann die abkömmlichen Besatzungsmitglieder einzuladen sind.

Wir bitten anzuordnen, dass jedes Besatzungsmitglied an dem Tage kostenlos zwei halbe Liter hamburger Bier aus der Kantine erhält; das verbrauchte Quantum ist getrennt in der Getränkeabrechnung aufzuführen.

Ihnen für die kommenden Reisen glückliche Fahrt und guten Erfolg wünschend, verbleiben wir mit

Heil Hitler !

Abteilung Schiffsausrüstung

Du./ Zahlmeister M.S. "St.Louis"
Herrn Direktor Lassalle, im Hause
Herrn Dr. Voss, im Hause
Schiffsausrüstung, Kuhwärder

➤ SONNTAG, 18. JUNI 1939

Die Holländer lassen die ihnen zugeteilten 181 Menschen vom Fährschiff Jan van Herckel aus Antwerpen abholen.

➤ MONTAG, 19. JUNI 1939

Das französische und englische Kontingent werden vom in kürzester Zeit für Passagiertransporte umgebauten Hapag-Frachter Rhakotis abgeholt. Die 227 Flüchtlinge, die nach Frankreich kommen sollen, werden in Boulogne-sur-Mer ausgeschifft. Abends, um 20 Uhr, hat der letzte Passagier die St. Louis verlassen. Bereits vier Stunden später läuft sie wieder nach New York aus – zu einer Kreuzfahrt für amerikanische Millionäre.

➤ MITTWOCH, 21. JUNI 1939

Die Rhakotis erreicht den englischen Hafen Southampton. 284 Flüchtlinge werden per Sonderzug nach London gebracht. Die Ausübung beruflicher Tätigkeiten wird ihnen untersagt. Nach Ausbruch des Krieges im September 1939 werden die meisten von ihnen in Lagern interniert.

Mehr als zwei Drittel der Passagiere überleben das Dritte Reich. Viele der auf dem Kontinent verbliebenen Familien werden jedoch nach dem Vormarsch der deutschen Truppen gefangen genommen und in Konzentrationslagern ermordet – nach neuen Forschungsergebnissen werden 254 der St.-Louis -Passagiere getötet.

Auch von Sonjas Vater, der in Polen festsitzt, verliert sich nach Ausbruch des Krieges jede Spur. Sonja Sternberg: »Wir haben gehofft und gehofft, dass wir nach dem Krieg meinen Vater wiedersehen werden. Aber leider ist das nicht passiert.«

Am gleichen Tag, dem 21. Juni, erhält Gustav Schröder einen Brief aus der Vorstandsetage seiner Reederei in Hamburg: »[...] Nachdem die Herren aus Antwerpen zurückgekehrt sind und mir über die Reise und die Abwicklung berichtet haben, möchte ich diese Zeilen noch einmal benutzen, um Ihnen für alles zu danken, was Sie auf dieser Reise an Maßnahmen getroffen haben. Ich habe mich während der kritischen Tage sehr wohl in Ihre Lage hineinversetzen können und wenn auch die Maßnahmen, die Sie an Bord trafen und die Telegramme, die wir von Ihnen erhielten, Möglichkeiten zeigten, die Gott sei Dank nicht eingetroffen sind, so war alles vollkommen richtig und auch nachträglich noch verständlich [...].

Heil Hitler

Ihr Claus-Gottfried Holthusen (Stellv. Vorstandsmitglied Hamburg-Amerika Linie)

Das Schreiben wirft Fragen auf, die sich nur unzureichend beantworten lassen, denn den Inhalt der erwähnten Telegramme kennen wir nicht – sie wurden nicht archiviert. Klar scheint zu sein, dass es ganz im Sinne der Reederei war, die jüdischen Passagiere nicht nach Hamburg zurückzubringen, sondern sie im Ausland abzusetzen. Unklar bleibt, was der stellvertretende Reedereichef meint, wenn er von Möglichkeiten spricht, die »Gott sei Dank« nicht eingetroffen sind. Massenselbstmorde? Mögliche Verhaftungen bei einer Rückkehr nach Hamburg? Wir wissen es nicht.

RECHTES BILD:
DER REEDEREI-VORSTAND DANKT SEINEM VERDIENTEN KAPITÄN.

HAMBURG-AMERIKA LINIE

STELLV. VORSTANDSMITGLIED

CLAUS-GOTTFRIED HOLTHUSEN

HAMBURG 1, DEN 21.Juni 1939.
ALSTERDAMM 25

Herrn
Kapitän Schröder,
z.Zt. N e w Y o r k.
M/S."St.Louis"

Sehr geehrter Herr Kapitän !

Ich habe Ihre Schreiben vom 18.6. aus Antwerpen erhalten. Da wir keine Bedenken haben, ist das von Ihnen an Mr.Troper gerichtete Schreiben heute abgegangen. Nachdem die Herren aus Antwerpen zurückgekehrt sind und mir über die Reise und die Abwicklung in Antwerpen alles berichtet haben, möchte ich diese Zeilen noch einmal benutzen, um Ihnen für alles zu danken, was Sie auf dieser Reise an Massnahmen getroffen haben. Ich habe mich während der kritischen Tage sehr wohl in Ihre Lage hineinversetzen können und wenn auch die Massnahmen, die Sie an Bord trafen und die Telegramme, die wir von Ihnen erhielten, Möglichkeiten zeigten, die Gott sei Dank nicht eingetroffen sind, so war alles vollkommen richtig und auch nachträglich noch verständlich. Besonders gefreut habe ich mich über die Zusammenarbeit Ihrer Herren an Bord. Insbesondere scheint Ihr Zahlmeister, Herr Müller, Ihnen eine grosse Stütze gewesen zu sein. Ich habe daher auch mit gleicher Post an ihn ein Schreiben gesandt.

Mit freundlichen Grüssen und

Heil Hitler
Ihr
Claus-Gottfried Holthusen

- ~~165~~ - 153

Die unerträgliche Selbstmordstimmung, die über dem ganzen Schiff gelastet hatte, schien verschwunden zu sein, man sah wieder frohe Menschen und hörte Musik.

Ich widmete mich wieder seemännischen Aufgaben, denn wir näherten uns dem Englischen Kanal; außerdem trafen wir mit dem Komitee Vorbereitungen für die Landung. Mit vollen Umdrehungen und Windstärke 7-8 von achtern brausten wir ostwärts. Gerade hatte ich ein Telegramm nach Vlissingen abgeschickt und mich verpflichtet, in zwei Tagen präzise um 9 Uhr dort zu sein, da wurde mir gemeldet, daß mein bester Steuerer schon seit Stunden vermißt würde. Man hatte ihn zuletzt auf dem Achterdeck bei der Flaggleine gesehen und vermutete, daß er über Bord gesprungen sei, da er schon morgens ganz verstört ausgesehen habe. - Sollte ich denn garnicht zur Ruhe kommen?

Vorschriftsmäßig handelnd, hätte ich nun umkehren müssen, um ihn stundenlang zu suchen. Das hätte bedeutet, gegen stürmische See anzudampfen und vielleicht einen ganzen Tag zu verlieren! Es kribbelte in mir und es hätte nicht viel gefehlt, so wäre ich aus der Rolle gefallen, etwas nervös war ich schließlich doch geworden. Aber ein Kapitän darf nicht schwach werden und ich hörte mich selbst sagen: " Das Schiff wird noch einmal von der ganzen Besatzung gründlich durchsucht, dann werde ich mich entscheiden." Schon nach einer Viertelstunde fand man ihn in einem kleinen Abstellraum unter der Back versteckt, er hatte seinem Leben selbst ein Ende gemacht.

Nun entsann ich mich plötzlich, daß er noch morgens am Ruder gewesen war und ich ihn, der sonst am besten steuerte, wegen einer Kursabweichung gerügt hatte. Ich fühlte jetzt ganz deutlich, daß alles vielleicht ganz anders gekommen wäre, wenn ich sein verzweifeltes Schweigen und sein verhärmtes Gesicht, das ich doch gesehen haben mußte, richtig gedeutet und ihm ein gutes Wort gegeben hätte, statt ihn zu tadeln. ---

Aber nun war es geschehen, Gott mag wissen warum und wodurch. Das Leben ging trotzdem weiter, doch meine Ruhe war hin. -

Die Einzigen, die sich in all den kritischen Tagen nicht hatten beunruhigen lassen, waren die Kinder der Fahrgäste. Sie freuten sich sehr, daß sie länger an Bord bleiben konnten. Welch ein Glück, daß Kinder so sind! Sie machten sich sogar über ihr Schicksal lustig, indem sie ein Spiel erfanden, welches hieß: "Juden haben keinen Zutritt!" ---

(handschriftlich am Rand:) An einer Barriere standen zwei Jungens mit strenger Amtsmiene und verhörten die Einlass begehrenden Kameraden. Ein kleiner Berliner, der an der Reihe war, wurde angeschnauzt: „Juden haben keinen Zutritt!“ „… lassen Sie mal man durch, ich bin ja ganz kleene!“

Sie waren fest davon überzeugt, daß ich sie nach England bringen würde. Bei meinen täglichen Ronden besuchte ich sie im Kinderzimmer und ließ mich von ihrem Optimismus anstecken, von ihrem Vertrauen, daß alles klappen würde.

Es klappte alles dank des günstigen Wetters und des zuverlässigen technischen Betriebes des Schiffes und dank der vorbildlichen Haltung der ganzen Besatzung, die eine Aufgabe gemeistert hatte, die nicht nur Kraft und Ausdauer, sondern auch viel Takt und Geduld erforderte. Besonders meine ich hiermit die Zahlmeister, die Ärzte mit Gehilfen und Schwester und das gesamte Bedienungspersonal. Auch die Funkstation hatte eine Riesenarbeit und Einnahmen, es war ein Rekord. Last not least darf ich das Komitee nicht vergessen, das mir so treu zur Seite stand.

Ich mag aber nicht daran denken, was passiert wäre, wenn die Hamburg-Amerika Linie nicht für eine Landung in Antwerpen gesorgt hätte - - - - - - - - - - - - - - -

So wurde dem Schiff durch die verständnisvolle Einstellung

WEITERE SEITEN AUS DEN VON KAPITÄN SCHRÖDER EIGENHÄNDIG ANGEFERTIGTEN MANUSKRIPTEN.

- 164 - 154

der Reederei das Schlimmste erspart.
Und es ging alles klar.

Es hätte aber alles nichts genützt, wenn nicht die Fahrgäste selbst unseren Argumenten so zugänglich gewesen wären. Ihre Dankbarkeit bei der Landung in Antwerpen mir gegenüber war rührend und bewegte mich tief und unvergeßlich.

Überhaupt möchte ich dieses ganze Erlebnis, so sehr es mich erschütterte, nicht missen. Es war eine Aufgabe, die mehr Spuren in mir hinterließ, als der Taifun in der Südsee. Wer sich in die verzweifelte Lage meiner Fahrgäste und meine Sorge um sie hineindenkt, wird mich verstehen. Ich mußte manche Nachtruhe opfern. In der ganzen kritischen Zeit vom Landeverbot in Havana bis zur positiven Erlaubnis, Antwerpen anzulaufen, widmete ich mich bei Tage den Fahrgästen und nachts bearbeitete ich den Telegrammwechsel, der in unserem in englischer Sprache geschriebenen Code vor sich ging.

Aber die Anerkennung blieb nicht aus. Da die "St.Louis" von Antwerpen aus direkt nach New York beordert wurde, von/wo aus Vergnügungsreisen gemacht werden sollten, durfte meine Familie, die zum Besuch herüber gekommen war, bei mir an Bord wohnen, wenn das Schiff im Hafen lag, was oft vorkam.

Die erste Vergnügungsreise ging nach Westindien, Jamaika, Curacao, Venezuela und St. Thomas wurden angelaufen.

Es folgten mehrere Reisen nach Bermuda und Halifax, bis der Krieg dazwischen kam. Diese meine letzten Fahrten waren in gewisser Beziehung die schönste Zeit meines Lebens. Meine Familie lebte in New York, das Wetter war fast immer gut, die Navigation bot keine großen Schwierigkeiten, sodaß ich mich viel den Fahrgästen widmen konnte, die eine geradezu ansteckende Heiterkeit und Sorglosigkeit an den Tag legten und mich ganz in ihren Bann zogen. Es waren Paare da, die ihre Hochzeitsreise machten. Wie könnte ich je den liebenswürdigen Herrn C. Paul Butler-Editor & Manager von N.Y. Mirror - vergessen mit seiner jungen, entzückenden Frau, die mir bei jedem Landansteuern in aller Morgenfrühe auf der Brücke Gesellschaft leistete, ohne mich zu stören. Im Gegenteil, beim Anlaufen von Kingston nahm mir die junge Frau sogar das Dechiffrieren eines Telegrammes von der Agentur ab.

Es war auch einmal ein Paar an Bord, das seine Silberhochzeit auf See feierte. Mr. und Mrs. Fagan hießen sie. Einmal wurde sogar eine goldene Hochzeitsreise auf der "St.Louis" gemacht, Mr. und Mrs. Schubert aus Secaucus bei New York. Die ganze Familie fuhr mit und sogar Freunde, unter denen sich Mrs. Topiano und Miss Carrie Ludwigsen befanden. Es war natürlich Ehrensache des Kapitäns, alle zu einem würdigen Essen einzuladen, woraus eine Freundschaft entstand, die den großen Krieg überdauert hat. An dieser Stelle möchte ich auch anderer Fahrgäste dieser Reisen dankbar gedenken, die mir sehr nahestehen. Es sind: Mr.R. Mudlich und Frau aus Tuckahoe, Mr.O.H. Franke und Frau aus Baltimore. Pastor Wasmund aus Lang Island, Pastor E.F.Engelbert, Baltimore, Pastor Bennett, Maine, Ella C. Thompson, Bakersville, Direktor Charles Rosebrock, New York, Mr.N. Saggese, New York, Mr. & Mrs.H.S. Ritter, Mahwah, und ihre reizenden Töchter Mary Louise und Priscilla, eine alteingesessene, im 17. Jahrhundert eingewanderte vornehme Familie. Als Cruise Director hatte ich J.F. Hesper - mit dem zusammenzuarbeiten eine Freude war.

Infolge all der krausen Ereignisse der Jahre 1939-45 habe ich viele Einzelheiten der schönen Reisen vergessen, aber zwei Erlebnisse daraus will ich doch noch an den Schluß des Buches setzen.

AUF DIESER MANUSKRIPTSEITE BERICHTET KAPITÄN SCHRÖDER »VON DER SCHÖNSTEN ZEIT MEINES LEBENS«.

➢ MITTWOCH, 28. JUNI 1939

Nachdem die St. Louis in Antwerpen wieder mit Proviant und Treibstoff ausgerüstet worden ist, erreicht das Schiff den Hafen von New York, um 500 amerikanische Kreuzfahrtpassagiere zu einer Fahrt in die Karibik an Bord zu nehmen. Das Schiff ist restlos ausgebucht, ebenso wie die beiden nächsten Fahrten. Kapitän der Reisen: Gustav Schröder, der die Zeit als »schönste Zeit meines Lebens« genießt, da seine Familie nach New York gekommen ist und während der Hafenliegezeiten bei ihm an Bord wohnen darf und er auf diesen Reisen zahlreiche Freundschaften mit amerikanischen Passagieren schließen kann, die den Krieg überdauern.

➢ FREITAG, 25. AUGUST 1939

Kapitän Schröder erhält per Funk die verschlüsselte Nachricht, dass er wegen drohender Kriegsgefahr sofort nach Deutschland zurückkehren soll. Das Schiff soll getarnt werden.

➢ MONTAG, 28. AUGUST 1939

Kurzfristig wird die vierte amerikanische Kreuzfahrt abgesagt und die Besatzung zurück an Bord befohlen. Noch in der Nacht zum 29. August verlässt die St. Louis ohne Passagiere den Hapag-Pier an der 46. Straße in New York.

SOMMER 1939:
EIN SCHIFF DER HAMBURG-AMERIKA-LINIE LÄUFT IN NEW YORK EIN.

KRIEGSBEGINN: DIE ST. LOUIS UND IHR SCHORNSTEIN ERHALTEN EINEN TARNANSTRICH.

➢ FREITAG, 1. SEPTEMBER 1939

Der Zweite Weltkrieg beginnt – deutsche Truppen marschieren im Morgengrauen in Polen ein.

Kapitän Schröder erfährt über Funk vom Kriegsausbruch und davon, dass sich mehrere deutsche Schiffe über das Nordmeer und den – noch verbündeten – russischen Hafen Murmansk in die Heimat zu retten versuchen. Das Schiff wird abgedunkelt, alle hellen Aufbauten dunkel gestrichen, der Schornstein erhält einen Tarnanstrich. Die St. Louis trägt nun den Namen Louise mit dem neutralen Heimathafen Amsterdam.

Trotz des Ausfalls der Steuerbordmaschine und des Kreiselkompasses sowie fehlenden Kartenmaterials für die Nordroute (nur ein alter Schulatlas wird an Bord gefunden) führt Kapitän Schröder sein Schiff weit nördlich zwischen Island und Grönland hindurch, an der Insel Jan Mayen vorbei.

➢ MONTAG, 11. SEPTEMBER 1939

Die St. Louis macht im Hafen von Murmansk fest. Dort verlässt – bis auf 15 Mann – die Besatzung das Schiff und wird per Bahn nach Deutschland zurückgebracht. Das Schiff wird in Murmansk repariert.

➢ FREITAG, 22. DEZEMBER 1939

Zwei Tage vor Weihnachten, bei Schnee, Nebel und Winterstürmen, sticht Kapitän Schröder mit seiner Crew wieder in See. Die St. Louis durchbricht vor der norwegischen Küste ohne Feindkontakt die britische Seeblockade auf ihrem Weg zurück nach Hamburg.

➢ MONTAG, 1. JANUAR 1940, NEUJAHR

Am Vormittag macht die St. Louis wieder im Hamburger Hafen fest. Feierlich begrüßt vom Vorstand und zahlreichen Mitarbeitern der Reederei. Alle Besatzungsmitglieder werden mit Orden ausgezeichnet. Im Jahr 1941 schreibt Schröder dazu rückblickend in seinem Buch »Fernweh und Heimweh«: »Uns allen hat der Führer sein Bild, beinahe in Lebensgröße in schwerem Rahmen, mit Widmung und eigenhändiger Unterschrift geschenkt. Es soll in der Halle des Schiffes hängen.« Nach außen hin hat sich Schröder nach den Herausforderungen der Irrfahrt offenbar wieder an das Regime angepasst. Wie er wirklich denkt – wir wissen es nicht. Es gibt dazu keine Selbstzeugnisse.

Nach der Rückkehr wird das Schiff in der Wilhelmshavener Kriegsmarinewerft zum Wohnschiff umgebaut und in Kiel und Stettin von der Marine genutzt.

➢ 30. AUGUST 1944

Am Nachmittag greifen 637 amerikanische B-17-Bomber bei regnerischem Wetter im Kieler Hafen die U-Boot-Basis und die Schiffswerft an. Das Wohnschiff St. Louis erhält mehrere Bombentreffer und brennt zum Teil aus.

➢ 1945

Nach Kriegsende wird das Schiff mit Genehmigung der britischen Besatzungsmacht nach Hamburg geschleppt und repariert. An den Altonaer Landungsbrücken dient es vom April 1947 bis April 1950 als Hotel- und Restaurantschiff und geht dann auf seine letzte Reise.

KRIEGSENDE: DIE AUSGEBRANNTE ST. LOUIS WIRD AUS KIEL NACH HAMBURG GESCHLEPPT.

ST. LOUIS
AZA

The Miami Herald

MONDAY, JUNE 5, 1989

Contents Copyright 1989 The Miami Herald

25 CENTS

50 years after 'Voyage of the Damned': 'We were . . . abandoned by the world'

Survivors take cruise of tears, recall ordeal

By DAN FROOMKIN
Herald Staff Writer

Fifty years to the day after they were chased off the Florida coastline and back to war-torn Europe, 27 survivors of what has become known as the "Voyage of the Damned" gathered Sunday in Miami Beach for an emotional cruise that was part reunion and part remembrance.

The 27 were among more than 900 Jewish refugees who tried to flee Nazi Germany in 1939 on the SS St. Louis, a cruise ship bound from Hamburg, Germany, to Cuba. Denied permission to dock in Havana, the ship wandered off the South Florida coast looking for salvation.

But the U.S. Coast Guard, enforcing rigid immigration quotas, ordered the St. Louis off the coast on June 4, 1939. After the passengers returned to Europe, most died in the Holocaust.

On Sunday, the tiny cruise ship Florida Princess set off on a two-hour cruise from the Miami Beach Marina, heading about three miles offshore before returning home.

On board, jammed in amid about 300 other guests, survivors looked for familiar faces. Some found them;

PLEASE SEE VOYAGE, 12A

MARICE COHN BAND / Miami Herald Staff

TEARFUL MEMORY: Simone May, left, and Judy Steel took the memorial cruise Sunday. Steel and May's late husband were passengers on the original voyage.

'Voyage of the Damned' survivors recall ordeal

VOYAGE, FROM 1A

others didn't. They all swapped stories of having seen the buildings and palm trees of Miami before turning back, and they spoke of what it all meant.

"We were not wanted — abandoned by the world," said Susan Schleger, 68, of New York, who was 18 when she was on board the St. Louis. She remembers drifting two or three miles off the Florida coast.

"Miami looked very tempting, lovely, glamorous," she said.

"I think it's kind of a symbol of what happened," said Liane Reif-Lehrer of Boston, who was only 4 in 1939 but who has written several articles about the journey. "The German government wanted to make a spectacle of the Jews. They were trying to show the world that nobody else wanted us either."

Henry Laskau, 72, of Pompano Beach showed survivors a small black-and-white picture of his brother Benno, who was a passenger. Benno, 18 at the time, was later killed in the Auschwitz death camp.

Laskau had watched from Havana as the St. Louis was turned away, and Sunday he was looking for someone who might remember his brother.

He found Hans Fisher, 61, of New Jersey, who recognized Benno. They talked. "It brings back memories," Laskau said with a sad smile.

Many of the survivors described how they lost family members, separated from them after they returned to Europe. "I'm thinking of the people who are not alive," said Sofi Aron, 77, of New York, who survived along with her husband, Alfred, 78. "It's very sad."

When the St. Louis was forced to turn back, Capt. Gustav Shroeder managed to steer it to Belgium instead of Germany. The passengers were resettled in England, France, Belgium and Holland. Those in England were safe, but when the Nazis invaded the other countries, many of the passengers were deported and killed.

For his efforts, Shroeder became a hero to the passengers. They organized to bring his closest living relative, nephew Ernst Rolf, to the ceremonies from Hamburg.

The story of the St. Louis became famous in 1974, when authors Gordon Thomas and Max Morgan Witts wrote a book called *Voyage of the Damned*. The book was made into a movie by the same name in 1975.

A brief religious service on board Sunday stressed the theme of the commemoration. Said Rabbi Barry Konovitch of Miami Beach's Cuban-Hebrew Congregation: "We pray that, in the intervening 50 years, mankind has learned its lesson: that it should never happen again."

Survivors threw carnations off the front of the ship in memory of those who died. Then they watched as the battered wreck of the Ostwind, an 83-foot wooden yacht that once belonged to Adolf Hitler, was dumped off a barge into the Atlantic Ocean, destined to become an artificial reef.

MARICE COHN BAND / Miami Herald Staff

SAD HONEYMOON: Alfred and Sofi Aron were honeymooners on the 'Voyage of the Damned.' Alfred Aron wound up in concentration camps. Sunday, the Arons, who live in New York, came to Miami Beach.

1939 VOYAGE: Harry Goodman, left, and Ruth and Herbert Karlin[...] aboard the St. Louis. Herbert Karliner now lives in North Miami, a[...] Goodman lives in Australia. Ruth Karliner died at Auschwitz.

Miami Beach Commissioner Abe Resnick, who came up with the idea of sinking the Ostwind, said it was a symbolic act, bringing life from a symbol of death.

But several survivors saw the link between their tragedy and the sinking of the Ostwind as a dubious one. "It has absolutely nothing to do with us," said Hella Roubicek, 63, who flew in from California.

Some passengers Sunday had watched the St. Louis from the Miami Beach shore. Edward Newman, a Beach resident who was 15 at the time, said he and a friend went out to the St. Louis in a 14-foot skiff, loaded with watermelons and bananas.

"It was heart-rending," Newman said. "We were crying on the way back."

St. Louis survivor Gertrude Me[...]dels, 74, of Baltimore said her fi[...] trip back to South Florida since th[...] day 50 years ago was an emotio[...] experience.

"When the plane started to la[...] — I am not a very sentimental p[...]son, but I started crying," Mend[...] said. "It was the same landscape."

Survivors said the story of the [...] Louis should serve as a lesson [...] mankind. "People should look af[...] people if they are in need," said E[...] Spitz, 64, of Toronto. "History [...] always repeat itself."

"Just remember," said H[...] Wolfgang Philippi, 63, of San Fr[...]cisco. "That's enough, if you re[...] remember."

WAS IST
AUS IHNEN GEWORDEN?

DER HAMBURGER FILMEMACHER MANFRED UHLIG MIT DEN EHEMALIGEN ST.-LOUIS-PASSAGIEREN SONJA STERNBERG (MITTE) UND GISELA FELDMANN (RECHTS) AN DEN HAMBURGER ST. PAULI-LANDUNGSBRÜCKEN.

ZU GAST BEI HAPAG-LLOYD AM HAMBURGER BALLINDAMM (VON LINKS): MARC BRASSE (NDR), JÜRGEN GLAEVECKE, GROSSNEFFE VON KAPITÄN SCHRÖDER, MANFRED UHLIG, SONJA STERNBERG, GISELA FELDMANN UND MODERATOR CHRISTIAN DENSO.

RECHTS: AUSSCHNITTE AUS DEM ST.-LOUIS-DOKUMENTARFILM VON MANFRED UHLIG: GISELA FELDMANN IN DER GEDENKSTÄTTE VON YAD VASHEM IN ISRAEL (OBEN) UND BEI DER SCHILDERUNG IHRES FLUCHTSCHICKSALS IN IHRER WOHNUNG IN MANCHESTER (UNTEN).

➤ GISELA FELDMANN UND SONJA STERNBERG

Sonja und Gisela Knepel mit ihrer Mutter gelingt es in Antwerpen, in das Kontingent nach England eingeteilt zu werden. Gisela heiratet später, heißt dann Feldmann, bekommt zwei Kinder und wird in Manchester Handarbeitslehrerin. Sonja heiratet ebenfalls, heißt Sternberg, auch sie lebt mit ihrer Familie in Manchester, in der Nachbarschaft zu ihrer Schwester. Heute, im Jahr 2019, wohnen beide Frauen in einem Seniorenheim. Sie sind verwitwet, ihre Kinder längst aus dem Haus. Im Juni 2018 kehren sie auf Einladung der Reederei Hapag-Lloyd nach Hamburg zurück, zu einer Veranstaltung über das Schicksal der St. Louis.

UNSERE GESCHICHTE

HERBERT KARLINER HÄLT AUCH HEUTE NOCH KONTAKT ZU ANDEREN ÜBERLEBENDEN DER ST. LOUIS.

DER STRAND, VOR DEM DIE ST. LOUIS EINST UMDREHEN MUSSTE: HERBERT KARLINER IN MIAMI BEACH.

➢ HERBERT KARLINER

Herbert Karliner, heute (2019) 95 Jahre alt, überlebt den Krieg in Südfrankreich, wo ihn Bauern unter falschem Namen verstecken. Dort kann er auch seine Bäckerlehre abschließen. Später wandert er in die USA aus, wo er eine eigene Bäckerei gründet und ein Vermögen mit der Belieferung von Fluggesellschaften mit frischen Backwaren macht. Und dort heiratet er auch seine Frau Vera, mit der er zwei Töchter hat. Das Ehepaar lebt in Miami Beach in einem komfortablen Apartment mit Blick auf die See. Karliner, dessen Deutsch immer noch gut ist, hält Kontakt zu ehemaligen Passagieren der St. Louis.

Von seiner Wohnung in Miami aus kann Herbert Karliner die Stelle sehen, an der die St. Louis damals abgewiesen wurde und umdrehen musste. Dieser Moment beschäftigt ihn sehr. Wären sie an Land gelassen worden, hätten seine Eltern und seine Schwestern den Holocaust überlebt: »Mein Vater wusste, was los in Deutschland war. Er war im KZ gewesen – sechs, sieben Monate lang.«

➢ SOL MESSINGER

Der pensionierte Arzt und Pathologe lebt in Buffalo im Bundesstaat New York. Er konnte aus Frankreich, wo er in einem Internierungslager festgehalten wurde, mit seiner Familie über Lissabon in die USA fliehen. Während die Familie sich nur mit Mühe durchschlagen konnte, begann Sol Messinger eine erfolgreiche Armee-Laufbahn.

Über seine Erfahrungen auf der St. Louis vor fast 80 Jahren hält er Vorträge an Schulen. Er möchte den Schülern zeigen, dass es ein Fehler war, Schutzbedürftige abzuweisen: »Die amerikanische Regierung stand unter Druck: Ausländer sollten draußen bleiben. Es gab nicht genug Jobs. Und die Leute hatten Angst, dass ihnen Immigranten die Arbeitsplätze wegnehmen. Kurz gesagt: Es gab damals eine Anti-Einwanderungs-Stimmung.«

DER EHEMALIGE MÜNCHNER PHIL FREUND (VORNE RECHTS) TRAT NACH SEINER FLUCHT IN DIE U.S. ARMY EIN.

PHIL FREUND AN BORD EINES TRUPPENTRANSPORTERS.

PHIL FREUND AUF WACHSTATION.

FILMEMACHER MANFRED UHLIG BESUCHT DEN VETERANEN PHIL FREUND IN MILWAUKEE.

➢ PHIL FREUND

Der pensionierte Oberstleutnant der US-Armee lebte in Milwaukee, wo er 2017 starb. Ursprünglich stammte er aus München. Er wanderte über England in die USA aus und wurde Berufssoldat. So kehrte er als Besatzungssoldat nach dem Krieg nach Deutschland zurück. Er machte seinen Frieden mit Deutschland und den Deutschen. Phil Freund: »Entweder man verbittert und hasst die Deutschen für alle Zeiten, oder man geht auf sie zu. Ich habe mich für Letzteres entschieden.«

➢ ERICH DUBLON

Nach der Rückkehr nach Antwerpen blieben er, sein Bruder und dessen Familie in Belgien. Dort wurden sie 1940 vom Überfall der deutschen Wehrmacht überrascht. Erich Dublon wurde am 11. August 1942 aus dem Internierungslager Mechelen mit dem Transport II/870 in das Konzentrationslager Auschwitz deportiert, wo er am 3. September 1942 ermordet wurde. Sein Bruder und dessen Familie kamen später ebenfalls dorthin und verloren ihr Leben in den Gaskammern.

➢ LEON JOEL

Helmuth Joel, Neffe von Leon Joel, Vater des Musikers Billy Joel, und seinen Eltern gelingt die Flucht in die USA. Dort nennt er sich Howard Joel. Er wird zum Militär eingezogen und kommt als GI kurz vor Kriegsende wieder nach Deutschland, wo er an der Befreiung des KZ Dachau beteiligt ist.

Leon Joel und seine Familie hatten nicht so viel Glück. Howard Joel erinnert sich: »Mein Onkel Leon und meine Tante Johanna entschieden sich bei der Aufteilung für Frankreich. Nach dem Ausbruch des Krieges gingen sie wieder auf die Flucht. Kurz vor den Pyrenäen wurden sie von Deutschen geschnappt. Nur Sohn Günther schaffte mit Hilfe einer französischen Untergrundorganisation die Flucht in die Schweiz.«

Leon Joel und seine Frau Johanna werden vermutlich in Auschwitz getötet.

➢ KAPITÄN GUSTAV SCHRÖDER

Mit der Rückkehr aus Murmansk im Januar 1940 endet für Kapitän Gustav Schröder seine aktive Zeit auf See: Er wird – und will – nie wieder ein Kommando auf einem Schiff erhalten. Einer der Gründe mag sein, dass er so näher bei seinem seit Geburt beeinträchtigten Sohn Rolf sein kann; ein anderer, dass er jetzt bereits 55 Jahre alt ist. Der erfahrene Nautiker wird im Februar 1940 Mitarbeiter in der Deutschen Seewarte in Hamburg, wo er sich mit technischen Fragen der Navigation beschäftigen wird. Im Frühjahr erprobt Schröder dann auf der Ostsee ein Entfernungsmessgerät, und im September leitet er eine Vermessungs-Expedition mit einem Forschungsschiff in die norwegischen Fjorde.

DIE ILLUSTRIERTE »REVUE« (RECHTS) NAHM SICH 1947 DES ST.-LOUIS-THEMAS AN UND GING MIT KAPITÄN SCHRÖDER NOCH EINMAL ÜBER SEIN SCHIFF, DAS ZU DER ZEIT HALB AUSGEBRANNT IM HAMBURGER HAFEN LAG.

Ein Mann steht am Geländer des Piers im Hamburger Hafen und starrt auf das ausgebrannte Wrack eines Ozeanriesen. Er hat den Pelzkragen hochgeschlagen und achtet weder auf das Schneegestöber noch auf die Passanten. Vor seinen Augen verwandelt sich der graue Februartag in einen strahlenden Maimorgen und die düstere Schiffsruine in die altvertraute „St. Louis", wie sie majestätisch und massig hinter den schwarzqualmenden Schleppern den Hamburger Hafen verläßt und die erschütternde Irrfahrt beginnt, die damals, im Mai 1939, die ganze Welt bewegte. Auf der Kommandobrücke sieht er sich selbst in Uniform stehen, in diesem Mai 1939, die vier breiten Kapitänsstreifen am Ärmel. Es hat damals rührende und ergreifende Abschiedsszenen gegeben, denn keiner der 900 Passagiere, die an Bord sind, sollen Deutschland jemals wiedersehen. Es sind Juden. Sie fahren einer ungewissen Zukunft entgegen.

Eine Fotoreportage für die REVUE von Eitel Lange

DIE ODYSSEE DER NEUNHUNDERT

HAPAG-Kapitän Gustav Schröder besucht das Wrack seiner „ST. LOUIS" — und erinnert sich

Ein Schiff der Hamburg-Amerika-Linie, die „St. Louis", lief im Mai 1939 auf Befehl der deutschen Regierung mit 900 jüdischen Emigranten nach Havanna aus. Damit begann die abenteuerliche, erschütternde „Odyssee", die Irrfahrt eines Schiffes. Wochenlang fuhr die „St. Louis" auf dem Ozean umher, niemand wollte die Juden aufnehmen. An Bord spielten sich verzweifelte Szenen ab als es hieß, man werde nach Deutschland zurückfahren. Jedoch der Kapitän war entschlossen, lieber das Schiff an einer Küste auf Grund zu setzen, als umzukehren. Als man endlich in Antwerpen landen durfte, war das Schicksal der Gruppen, die in Europa blieben, aufs neue ungewiß. In Sicherheit waren nur die, die noch rechtzeitig nach England flüchten konnten. Mit Dankbarkeit sprechen sie alle heute noch den Namen des Kapitäns jenes deutschen Schiffes aus: Gustav Schröder.

Leergebrannt ist das einst so schöne Promenadendeck. Kapitän Schröder hat nach vielen Jahren wieder seine „St. Louis" betreten; schweigend und geistesabwesend macht er noch einmal einen Rundgang. Unter seinen Füßen knirschen Sand und Schmutz.

Lähmende Stille herrscht im Maschinenhaus. Wie der einsame Wanderer auf der verbeulten Eisentür heraustritt, bemerkt er den Fotografen der REVUE, der ihm gefolgt ist. An den zerbrochenen Maschinentelegrafen gelehnt, erzählt er ihm die Geschichte jener Irrfahrt.

DIE STADT GRAU, TEILS AUSGEBOMBT. DAS SCHIFF VOM FEUER VERWÜSTET, SCHUTT AUF DEM BODEN – KAPITÄN SCHRÖDER, IN HUT UND REGENMANTEL, STEHT NOCH EINMAL AUF DER BRÜCKE DER ST. LOUIS.

SEEMANNSHEIM

DIRIGENT HANS SCHMIDT-ISSERSTEDT (LINKS) IM INTERVIEW MIT NDR-REPORTERLEGENDE HERMANN ROCKMANN (RECHTS) UND KAPITÄN GUSTAV SCHRÖDER IM HINTERGRUND.

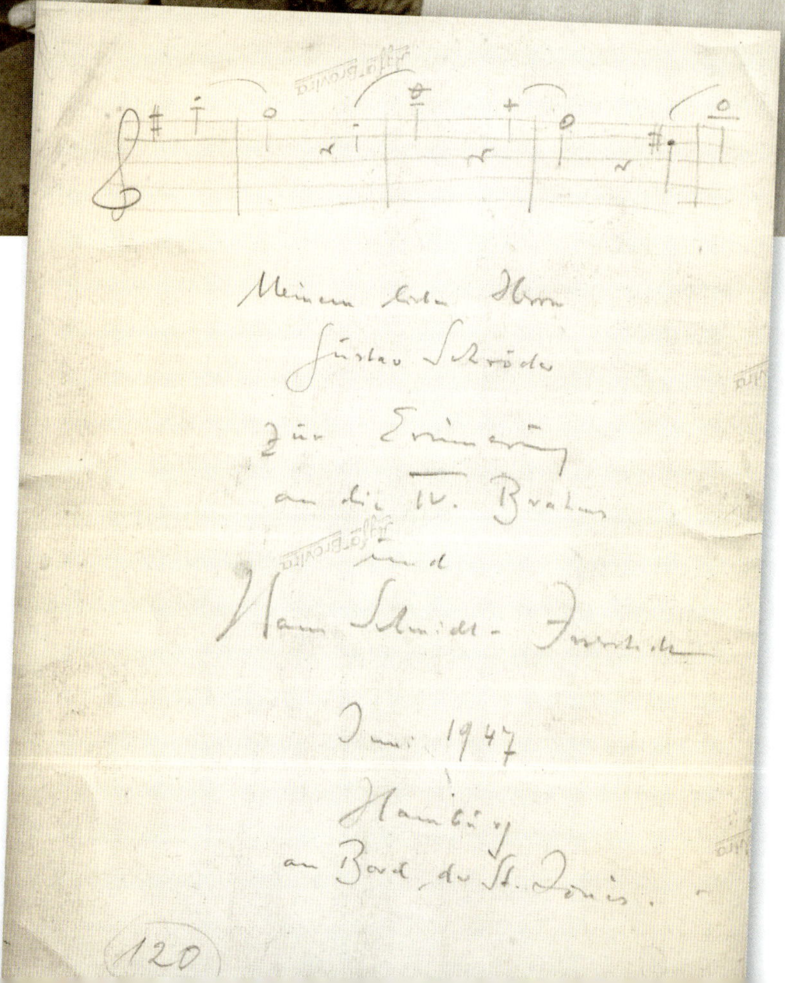

EINE FREUNDSCHAFTLICHE WIDMUNG VOM DIRIGENTEN: »MEINEM LIEBEN HERRN GUSTAV SCHRÖDER ZUR ERINNERUNG AN DIE IV. BRAHMS UND HANS SCHMIDT-ISSERSTEDT, JUNI 1947, HAMBURG AN BORD DER ST. LOUIS«.

Nach Kriegsende, 1946/1947, dient die notdürftig reparierte St. Louis in Hamburg an den St. Pauli-Landungsbrücken als Hotel und Restaurant, wo bereits im Juni 1947 ein Konzert des Nordwestdeutschen Rundfunks (Vorläufer des heutigen NDR) gegeben wird. Die 4. Symphonie von Johannes Brahms, dirigiert von Hans Schmidt-Isserstedt, dem Chefdirigenten des Senders. Am 11. November 1948 findet eines der ersten Essen der Hamburger Schiffsmakler nach dem Krieg an Bord statt.

KÄLTEWINTER 1947, EISTREIBEN AUF DER ELBE – DIE AUSGEBRANNTE ST. LOUIS AN DEN PFÄHLEN IM STROM.

Auch Gustav Schröder besucht sein altes Schiff häufig: »Ich möchte dieses ganze Erlebnis – sosehr es mich erschütterte – nicht missen. Es war eine Aufgabe, die mehr Spuren in mir hinterließ als ein Taifun in der Südsee.« Die Erinnerung an einen Taifun, wie er ihn auf der Titania als junger Mann selbst erlebt hatte.

AUSGEBOMBTE HAFENANLAGEN, UMGESTÜRZTE KRÄNE, NUR WENIGE KLEINE SCHIFFE AUF DEM WASSER – KAPITÄN SCHRÖDER SIEHT VON DER BRÜCKE DER ST. LOUIS AUF DAS TROSTLOSE BILD, DAS DER HAMBURGER HAFEN 1947 BIETET.

Nach Kriegsende stellt die Seewarte ihre Tätigkeit – vorerst – ein, und Schröder wird als Oberregierungsrat in den Ruhestand versetzt.

Nun lässt er seiner musischen Ader freien Lauf und beginnt Bücher zu schreiben – und bessert damit seine Pension auf. Bereits 1941 hatte er das Buch »Fernweh und Heimweh« über Reisen auf »Kraft durch Freude«-Schiffen veröffentlicht, für das er nun bescheidene Honorare erhält. 1949 erscheint sein nur 36 Seiten starkes Buch »Heimatlos auf hoher See« über die dramatische Reise der St. Louis.

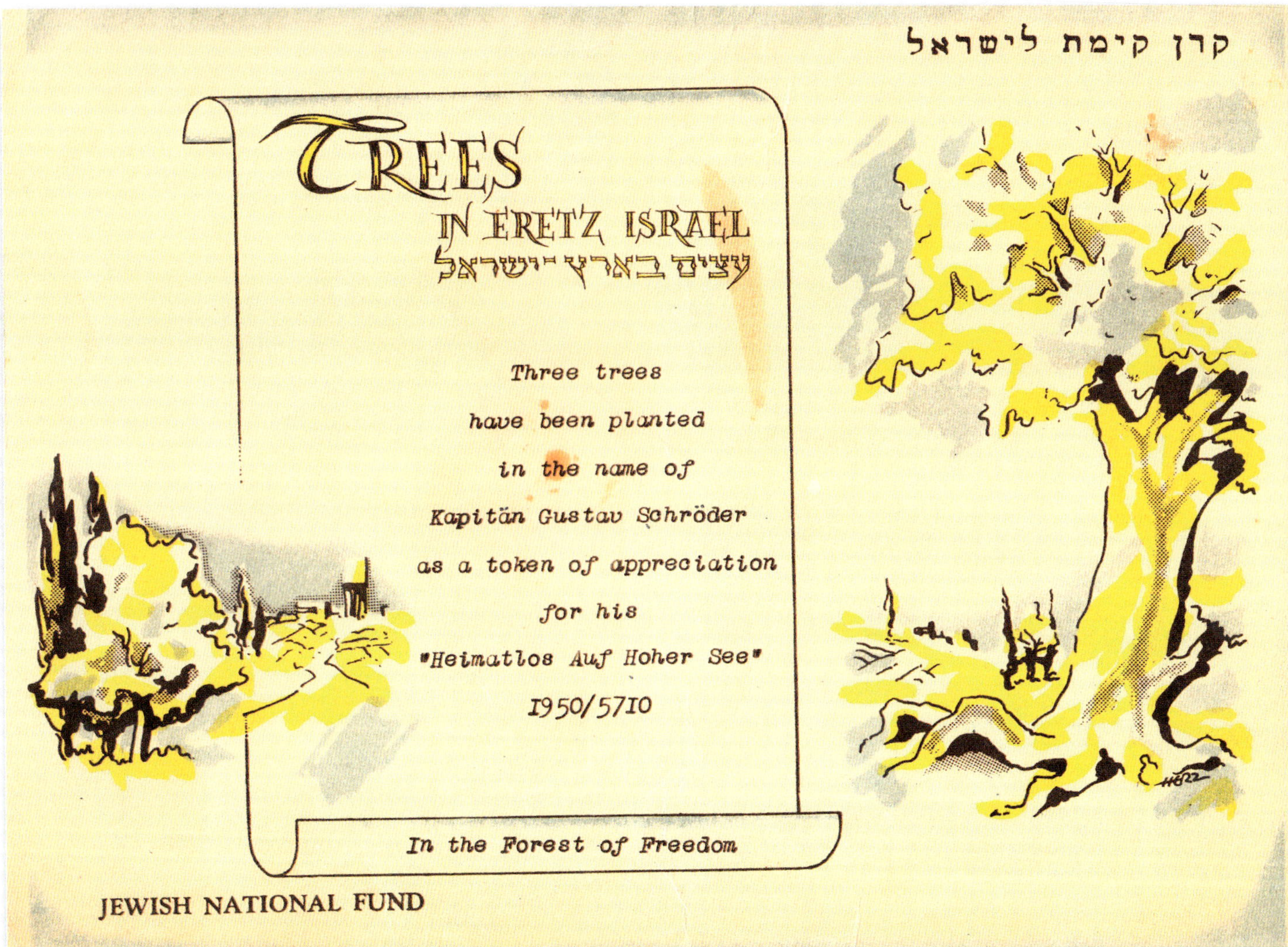

קרן קימת לישראל

TREES IN ERETZ ISRAEL

עצים בארץ ישראל

Three trees
have been planted
in the name of
Kapitän Gustav Schröder
as a token of appreciation
for his
"Heimatlos Auf Hoher See"
1950/5710

In the Forest of Freedom

JEWISH NATIONAL FUND

IN ISRAEL WIRD GUSTAV SCHRÖDER FÜR DIE RETTUNG SEINER JÜDISCHEN PASSAGIERE BIS HEUTE VEREHRT.

Mit großem Erfolg wird im Winter 1947 in Amsterdam das Schauspiel »Schiffer nächst Gott« uraufgeführt, das die Irrfahrt der St. Louis aufgreift. Danach wird es in Paris 200-mal gezeigt und läuft in New York zwei Jahre lang. Später wird der Stoff mit Maria Schell und James Mason verfilmt.

Der Hamburger Schriftsteller Rolf Italiaander erwirbt die deutschen Rechte. Am 14. September 1949 wird das Stück auch in Hamburg im Deutschen Schauspielhaus aufgeführt. Doch vier Jahre nach dem Krieg kommt es zu früh, das Publikum ist für das Thema noch nicht bereit – es kann nur 14-mal gezeigt werden. Erst 1956 greift Ida Ehre, die Prinzipalin der Hamburger Kammerspiele, den Stoff erneut und mit größerem Erfolg auf.

Der Kapitän lebt mit seiner Frau und seinem Sohn, der nur 45 Jahre alt wird, im Hamburger Vorort Nienstedten. Von dankbaren Passagieren, die ihren Kapitän nicht vergessen haben, erhält Gustav Schröder Care-Pakete.

Zu seinem Freundeskreis gehören die bekannten Schriftsteller Hans Leip, der Schöpfer des international bekannten Soldaten-Liedes »Lili Marleen«, und auch Rolf Italiaander. Sie treffen sich zu gemeinsamen Veranstaltungen auf dem Blankeneser Anleger Op'n Bulln oder auf der St. Louis.

EIN LETZTER BESUCH: GUSTAV SCHRÖDER IM GESPRÄCH MIT SEINEM EHEMALIGEN KOLLEGEN KAPITÄN PABST IM HAMBURGER HAPAG-BÜRO.

Nun erinnert man sich in Deutschland der außergewöhnlichen Leistung und des großen Mutes von Gustav Schröder. Bundespräsident Theodor Heuss bittet den Hamburger Senat, für ihn das Bundesverdienstkreuz zu beantragen. Es wird ihm am 4. Februar 1957 überreicht.

SPÄTE EHRUNG: 1957 ERHÄLT GUSTAV SCHRÖDER DAS BUNDESVERDIENSTKREUZ AM BANDE ÜBERREICHT.

RECHTE SEITE: DIE URKUNDE FÜR DEN KAPITÄN A.D.

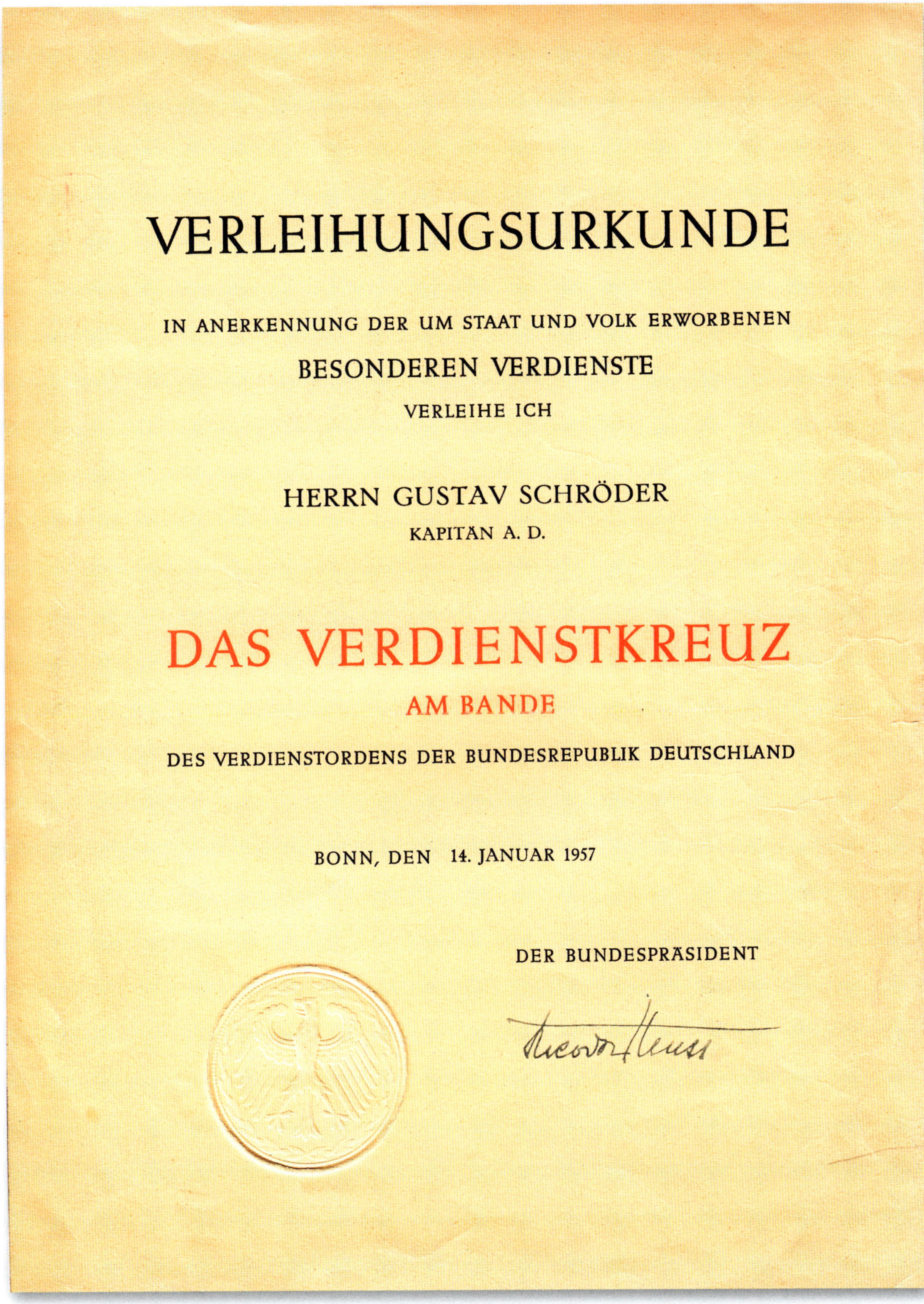

VERLEIHUNGSURKUNDE

IN ANERKENNUNG DER UM STAAT UND VOLK ERWORBENEN
BESONDEREN VERDIENSTE
VERLEIHE ICH

HERRN GUSTAV SCHRÖDER
KAPITÄN A. D.

DAS VERDIENSTKREUZ
AM BANDE
DES VERDIENSTORDENS DER BUNDESREPUBLIK DEUTSCHLAND

BONN, DEN 14. JANUAR 1957

DER BUNDESPRÄSIDENT

DIE VIELEN JAHRE AUF SEE HABEN GUSTAV SCHRÖDER GEZEICHNET.

Im gleichen Jahr wird Schröder Mitglied im internationalen Seefahrerbund der »Cap Horniers«. Bereits als junger Mann hatte er auf einem Segelschulschiff Kap Hoorn umrundet, was ihn berechtigte, dieser Vereinigung beizutreten.

RECHTE SEITE:
1957 WIRD SCHRÖDER EINE WEITERE EHRE ZUTEIL: ER WIRD IN DEN INTERNATIONALEN SEEFAHRERBUND DER »CAP HORNIERS« AUFGENOMMEN UND NIMMT 1958 AN EINER ZUSAMMENKUNFT IM FRANZÖSISCHEN ST. MALO TEIL.

BANQUET TRADITIONNEL DU 14 JUIN 1958

au Casino de Saint-Malo

Le jambon à la gelée

La terrine truffée du chef

Les spécialités de Bretagne

La langouste de la Baie
garnie mayonnaise

Le poulet de grain rôti

Les petits pois à la française

La salade cœur de laitue

La glace Émeraude

La corbeille de fruits

Café

Cognac · Rhum Negrita

VINS

Muscadet "Vallet"

Bordeaux
blanc et rouge

Château Bel-Air

Champagne

TRAITEUR : "A LA DUCHESSE-ANNE" SAINT-MALO

IN HAMBURG WIRD EINE STRASSE NACH GUSTAV SCHRÖDER BENANNT.

DIE ST. PAULI-LANDUNGSBRÜCKEN IM HAMBURGER HAFEN.

Am 10. Januar 1959 stirbt Kapitän Gustav Schröder im Alter von 73 Jahren in Hamburg. Er wird auf dem Nienstedtener Friedhof beigesetzt, wo heute noch von Menschen, die ihn verehren, nach jüdischem Brauch Steine auf sein Grab gelegt werden.

DER GRABSTEIN DER FAMILIE SCHRÖDER AUF DEM NIENSTEDTENER FRIEDHOF.

DIE EHRENTAFEL FÜR DIE RETTUNG
DER ST.-LOUIS-PASSAGIERE AN DEN
ST. PAULI-LANDUNGSBRÜCKEN.

DER KAPITÄN VERLÄSST SEIN AUSGEBRANNTES SCHIFF.
EIN WRACK, DAS BALD DARAUF VERSCHROTTET WIRD.

DIE LETZTE REISE

➢ SONNABEND, 15. APRIL 1950, HAMBURGER HAFEN

Im ersten Morgengrauen, um 3.45 Uhr, nehmen zwei Hamburger und zwei Bremer Schlepper den zwanzig Jahre alten, halbausgebrannten Ozeanriesen St. Louis auf den Haken. Ziel ist Bremerhaven, die Abwrackwerft Eisen & Metall. Über eine halbe Stunde dauert es, bis die 2.300 PS der vier Schlepper das Schiff von seinem Liegeplatz lösen können. Am Elbufer steht Kapitän Gustav Schröder. Er wird vom NWDR-Reporter Max Rehbein zum Abschied »seines« Schiffs von der Elbe befragt: *»Es ist ein Abschied von Hamburg, aber auch ein Abschied des Kapitäns Schröder von seinem Schiff. Herr Kapitän, ich kann mir vorstellen, dass Sie etwas traurig sind, es war doch eine Zeitlang Ihr Schiff.«*

Schröder: »Mir ist wehmütig zumute. Ich habe noch einmal meine Hand auf ihre kalten Planken gelegt und gedacht: Du gutes Tier. Es hat mich auf vielen Fahrten nie im Stich gelassen.«

»Besonders eindrucksvoll war Ihre Reise mit 900 Emigranten an Bord, die nirgendwo landen konnten. Die Juden wollte keiner haben. Es war Ihr Verdienst und das der Reederei Hapag, dass diese Menschen nach Antwerpen gebracht werden konnten.«

Schröder »Ja, wir hatten damals über 900 Emigranten an Bord, die Einreisepapiere für Kuba besaßen, dann aber dort nicht an Land gelassen wurden. Es wird dabei immer von meinem Verdienst gesprochen. Es ist aber hauptsächlich das Verdienst der Besatzung, die sich die ganze Zeit so anständig gegen die verzweifelten Menschen verhalten hat. Nach unserer Landung in Antwerpen schrieb eine französische Zeitung:

Die deutschen Seeleute haben viel Menschlichkeit gezeigt. Gerade in diesen Tagen bekomme ich noch Dankesbriefe von unseren ehemaligen Passagieren aus den USA.«

»Es müssen sich furchtbare Szenen an Bord abgespielt haben, als die verzweifelten Menschen hörten, dass sie nicht an Land gehen durften, und befürchten mussten, wieder nach Deutschland zurückzumüssen.«

Schröder: »Ja. Die Tatsache, dass ein Schiff mit 900 Emigranten an Bord auf dem Nordatlantik herumirrt und keiner sie aufnehmen will, ist wohl ziemlich einmalig in der Weltgeschichte. Die Verzweiflung war damals sehr groß. Wenn man sich in diese Menschen hineinversetzt, kann man das auch gut verstehen. Und wenn es zu einer Fahrt durch die Nordsee gekommen wäre, wären sie wohl zu Sabotageakten fähig gewesen.«

»Herr Kapitän, das ist ja nicht Ihre einzige abenteuerliche Fahrt mit der St. Louis gewesen. Während des Krieges haben Sie den Dampfer durch die gefahrvolle britische Seeblockade gesteuert.«

Schröder: »Das stimmt, das war im September 1939. Diese Fahrt ist auch als eine große Leistung in die Welt herausposaunt worden. Wir kamen von New York und fuhren über Murmansk nach Hamburg. Es war sehr viel Glück dabei, mehr Glück als Verdienst. Denn wir trafen auf der ganzen Fahrt kein einziges feindliches Fahrzeug und waren darüber hinaus mit dem Wetter im Bunde. Immer, wenn es nötig war, wurden wir von Nebel oder Schneesturm gnädig eingehüllt.«

➤ DIE LETZTE REISE

Die letzte Reise der St. Louis im April 1950 verläuft nicht pannenfrei. Immer wieder versucht sich das 16.732 BRT große Schiff gegen sein Schicksal zu stemmen. Noch auf der Elbe und dann wieder in der Elbmündung schert der Stahlkoloss aus dem Fahrwasser aus und macht den Schlepperbesatzungen große Schwierigkeiten. Plötzlich reißt sich die St. Louis sogar von einem Schlepper los. Immer wieder bricht sie nach Steuerbord aus. Für die 18 Seemeilen vom Weserfeuerschiff nach Bremerhaven braucht der Schleppzug die ganze Nacht. Schließlich wirft man Anker, um Schlepperverstärkung aus Bremen anzufordern. Nach deren Eintreffen geht die mühsame Reise weiter. Aber sofort nach dem Anschleppen verhakt sich die Steuerbord-Schraube des Schiffs an einer Leuchttonne und zieht sie bis Bremerhaven hinter sich her. Dann ist die »Todesfahrt« der St. Louis überstanden, das einst stolze Schiff wird bei der Abwrackwerft angeliefert und in den folgenden Monaten verschrottet.

»Als die St. Louis von Hamburg nach Bremerhaven überführt wurde, mutete es manchen Fahrensmann an, als ob der ehemalige Musikdampfer sein Veto gegen das verhängte Todesurteil einlegen wollte«, berichtet damals in gefühlvollen Zeilen die Zeitung »Freie Presse«.

LA ATLANTA
DE
RIVERO MARTINEZ Y Ca
HABANA

DAS GEHEIMNIS

AUF DEM DACHBODEN DER WEISSEN VILLA AN DER BARON-VOGHT-STRASSE WIRD GUSTAV SCHRÖDERS SEEKISTE WIEDERGEFUNDEN.

➢ DAS VERSTECK DER SEEKISTE

Auf dem Dachboden einer weißen Villa in Klein Flottbek steht seit Jahrzehnten eine alte braune Holzkiste, für die sich lange Zeit niemand mehr interessiert hat. Sie ist aus einfachem Kiefernholz gezimmert, mit ihren 29 Zentimetern Höhe und 66 Zentimetern Länge nicht eben besonders stattlich, innen mit hellbraunem Segeltuch ausgeschlagen. Auf dem abgeschabten Deckel der Name »Gustav Schröder«.

JÜRGEN GLAEVECKE SICHTET DEN NACHLASS SEINES GROSSONKELS.

Seekisten waren in den frühen Segelschiffzeiten und auch noch zu Beginn der Dampfschifffahrt das private Reich des Seemanns. Alles, was er besaß und auf den langen Reisen brauchte, bewahrte er in seiner Seekiste auf. Manche waren kunstvoll bemalt und mit schönen Beschlägen verziert. Andere eher schlicht und praktisch. Doch immer erzählen Seekisten Geschichten – von ihren Besitzern und deren Erlebnissen.

Gustav Schröders Seekiste fällt dem Hausbesitzer, Kaufmann Jürgen Glaevecke, bei Renovierungsarbeiten zufällig in die Hände. Behutsam öffnet er den alten Kasten und entdeckt eine Zigarrenkiste »La Atlanta de Rivero Martinez y Ca. – Habana« mit einer Banderole aus dem Jahr 1934, darin viele Dutzend Fotografien. Außerdem ein halbes Dutzend verwitterte Mappen mit Aufschriften wie »Briefe« oder »Eigene Manuskripte«: das Vermächtnis von Kapitän Gustav Schröder.

Darunter eine blaue DIN-A4-Mappe mit 69 eng beschriebenen Seiten – die Erinnerungen des Kapitäns an seine größte Herausforderung, die Reise mit der St. Louis im Frühjahr 1939.

Darin schreibt er: »Mit einem etwas unangenehmen Gefühl trete ich die Reise an, denn es ist ein Haken dabei. Wohl haben die Fahrgäste alle eine von der kubanischen Einwanderungsbehörde unterschriebene Einreiseerlaubnis im Besitz, für die bezahlt worden ist. Aber trotzdem kann niemand für die Landung garantieren. Es wird von innenpolitischen Störungen gesprochen, durch die die Landung verhindert werden kann, so daß die Stimmung infolge dieser Gefahr doch nicht so ganz erfreulich ist. Ich weiß auch, daß manche schweren Herzens reisen.«

Außerdem in der Seekiste: zwei gebundene Bücher mit Artikeln von Schröder, ein Abschiedsgeschenk, das ihm seine ehemaligen Kollegen 1945 machten. Postkarten, Schriftverkehr mit der Reederei, Zeitungsartikel.

➤ WEITERE FUNDSTÜCKE

Weitere Fundstücke auf dem Dachboden: zwei große, leere Reisekoffer mit seinem Namen. Eine kleine Kiste mit Schiffsmodellen. Schiffe, auf denen er gefahren ist. Geschenke für seinen Sohn Rolf. Außerdem ein Grammophon und 61 alte Schellackplatten mit klassischer Musik.

DAS GRAMMOPHON UND 61 ALTE SCHELLACKPLATTEN VON GUSTAV SCHRÖDER UND SEIN SCHIFFSMODELL DER ST. LOUIS (RECHTS).

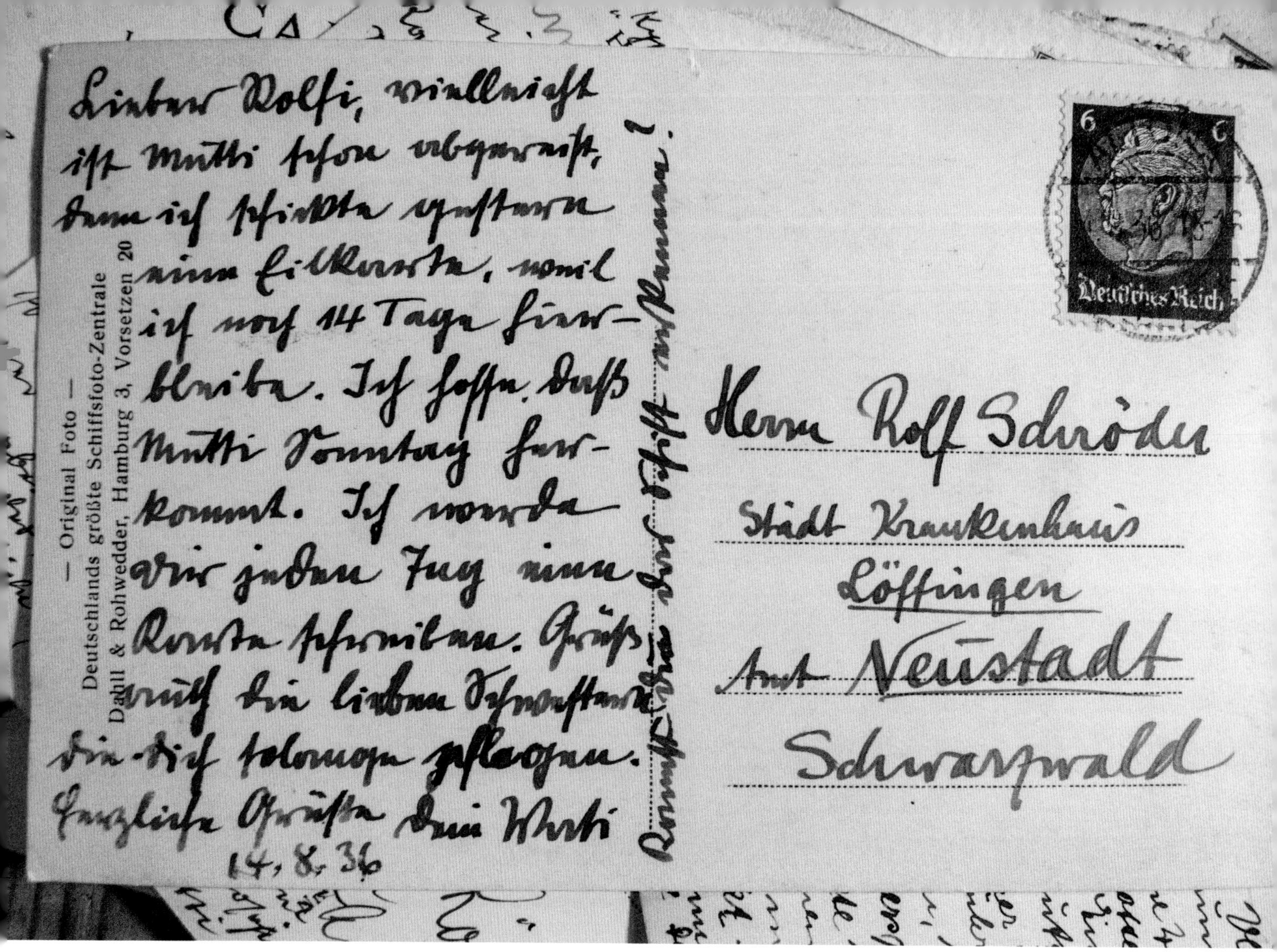

➢ »ICH WERDE DIR JEDEN TAG EINE KARTE SCHREIBEN«

EINE DER VIELEN KARTEN, DIE GUSTAV SCHRÖDER AN SEINEN »ROLFI« SCHICKTE.

Mit dem Sohn verband Gustav Schröder ein inniges Verhältnis. Ihm schickte er zahlreiche Postkarten: »Lieber Rolfi, vielleicht ist Mutti schon abgereist, denn ich schickte gestern eine Eilkarte, weil ich noch 14 Tage hierbleibe. Ich hoffe, dass Mutti Sonntag herkommt. Ich werde Dir jeden Tag eine Karte schreiben. Grüß auch die lieben Schwestern, die Dich solange pflegen. Herzliche Grüße, Dein Papitän.« Fundstücke, die eine ganz neue Sicht auf eine alte Geschichte werfen – die Irrfahrt des Hamburger Hapag-Dampfers St. Louis. In der weißen Villa wohnt Jürgen Glaevecke heute mit seiner Frau Karin. Er ist der Großneffe von Kapitän Gustav Schröder, hat das Haus geerbt, in dem einst Gustav Schröder wohnte. Der Industriekaufmann und ehemalige Einkaufsleiter bei der Firma Eppendorf erinnert sich noch gut an Gustav Schröder: »Wenn Kapitän Schröder mit seinem Schiff auslief, lief die ganze Familie zum Elbufer hinunter und hat gewunken.« Als kleiner Junge hat Jürgen Glaevecke seinen Großonkel erlebt: »Er war ein vornehmer, bescheidener, aber auch zielstrebiger Mensch, der nie viel Aufhebens von sich gemacht hat, der sehr liebenswürdig, still und leise war.«

Im Erdgeschoss des Hauses hängen Erinnerungsbilder an Gustav Schröder, zum Beispiel ein Kunstdruck, den ihm seine Reederei Hapag zum Dank für die sichere Rückkehr des Schiffes nach Hamburg 1940 widmete.

Glaevecke erinnert sich besonders an zwei Begegnungen mit dem Kapitän: »Er besuchte uns und schenkte mir ein Kaugummi Wrigley's Spearmint grün. Wir waren in Langenhorn zu Besuch bei Onkel Gudde, wie er genannt wurde, und Tante Elsa. Sie ermunterte ihn dann, Geschichten aus seiner Seefahrtzeit zu erzählen. Er begann, lehnte sich aber nach kurzer Zeit im Sessel zurück, verfiel in ein sinnierendes Lächeln und schwieg. Als wenn er die Geschichte für sich noch einmal ablaufen ließ.«

Das weiße Haus an der Elbe ist seit Jahrzehnten und Generationen der Mittelpunkt der Familien. Erbaut im Jahr 1893 vom Bauunternehmer Johann Carsten Färber, dem Ururgroßvater von Jürgen Glaevecke.

Von 1921 bis 1933 wohnen Gustav Schröder und seine Frau Elsa (geborene Färber, 1895–1975) mit ihrem 1923 geborenen Sohn Rolf in dem Haus an der Baron-Voght-Straße. Im Jahr 1933 zieht das Ehepaar Schröder in die Gustav-Falke-Straße 7 (heute Alexander-Zinn-Straße), 1936 in die Baron-Voght-Straße 49 und wohnt dort bis 1955, von 1956 bis 1959 in der Willerstwiete 1 in Langenhorn.

Seit wann den Kapitän seine Seekiste begleitet hat, ist unbekannt. Möglicherweise stammt sie bereits aus seinen Jugendtagen in Hadersleben.

WAS ABER SOLL MIT DER ALTEN SEEKISTE GESCHEHEN?

Jürgen Glaevecke: »Meine Frau und ich möchten gerne, dass dieser Nachlass wegen seiner geschichtlichen Bedeutung der Öffentlichkeit zugänglich gemacht wird. Mit Hilfe von Herrn Peter Tamm werden wir einen Platz in der Dauerausstellung im Internationalen Maritimen Museum für Kapitän Schröder erhalten.«

DIE KOFFER VON GUSTAV SCHRÖDER, AUSGESTELLT IM HADERSLEBENER MUSEUM.

ACHTZIG JAHRE DANACH

DAS GEBURTSHAUS VON GUSTAV SCHRÖDER IN HADERSLEBEN (HADERSLEV).

➢ JÜRGEN GLAEVECKE
Der Nachlass des Kapitäns

Kapitän Gustav Schröder, Onkel Gudde, war in der ganzen Familie eine Respektsperson. Deshalb habe ich mich schon immer für sein Leben und seine Arbeit interessiert.

Nach dem Tod meiner Mutter habe ich begonnen, seinen Nachlass zusammenzutragen und zu sichten. Es waren ja nicht nur in unserem Haushalt Erbstücke von ihm, sondern auch bei meiner Tante in München gelandet. Zum Beispiel eine Sammlung seiner Artikel für die Seewarte, wo er in seinen letzten Jahren gearbeitet hat. Wir haben alles hierhergeholt, darunter auch sein Bundesverdienstkreuz und das Abzeichen der Cap Horniers. Nur seine weiße Kapitänsmütze ist über Herbert Karliner an das Holocaust Memorial Museum in der US-Hauptstadt Washington gelangt. Er hat den Kontakt zum Museum hergestellt, und dann hat Rolf Schröder, ein Familienmitglied aus Flensburg, die Mütze 1989 bei einer Feier dort übergeben.

Bis heute ist Gustav Schröder für viele unvergessen. Nach dem NDR-Film von Manfred Uhlig und einem Bericht bei Spiegel Online gab es jetzt zahlreiche neue Kontakte und Anfragen, sogar aus unserer privaten Umgebung. Aber auch vom Holocaust-Museum, ob nicht der gesamte Nachlass von Schröder in die USA abgegeben werden könnte. Das habe ich abgelehnt, weil meine Frau und ich möchten, dass diese Dinge in unserer Nähe bleiben.

KARIN UND JÜRGEN GLAEVECKE

Außerdem reißt die Reihe der Veranstaltungen zum Thema St. Louis und Gustav Schröder nicht ab. In Apenrade und Hadersleben, im heutigen Dänemark, hat man sich daran erinnert, dass Gustav Schröders Geburtshaus in Hadersleben steht. Auf Veranlassung des Journalisten Siegfried Matlok fanden dort mehrere Veranstaltungen statt, auf denen ich aus dem Leben von Gustav Schröder berichtet habe. Im Herbst 2018 wurde dann am Geburtshaus von Schröder in Anwesenheit des israelischen und des deutschen Botschafters in Kopenhagen sowie des Bürgermeisters von Hadersleben eine Gedenktafel enthüllt. Außerdem gab es im Museum von Hadersleben eine Ausstellung über das Leben von Gustav Schröder.

Der Nordschleswiger

DIE DEUTSCHE TAGESZEITUNG IN DÄNEMARK

G, 21. SEPTEMBER 2018 www.nordschleswiger.dk NR. 221 / 73. JAHRGANG / 15 KR.

sorge
kel Seite 15

G
nge fordert
s-Exit
ange mischt sich
Berlin ein. S. 2

E
iwache
um
rader Polizeiwa-
näher in die
r Umzug in das
e TDC-Gebäude
on 2019 begin-
Seite 9

Gedenken an einen leisen Helden

Seite 12

FOTO: UTE LEVISEN

DIE DEUTSCHE ZEITUNG IN DÄNEMARK, DER »NORDSCHLESWIGER«, BERICHTET UMFANGREICH ÜBER DIE ST.-LOUIS-AUSSTELLUNG IN HADERSLEBEN SOWIE DIE ANSPRACHE VON JÜRGEN GLAEVECKE (RECHTS).

Der Nordschleswiger

„Die Stadt Hadersleben und unsere Familie können stolz sein“

Die Ansprache von Gustav Glaevecke, Hamburg, über seinen Großonkel Gustav Schröder

Von Siegfried Matlok

Großneffe Jürgen Glaevecke hatte großes Lob für die Sonderausstellung Gustav Schröder der Stadt Hadersleben. FOTO: UTE LEVISEN

Kære Borgmester H. P. Geil, dear ambassador of Israel, Mr. Dagan, lieber Botschafter der Bundesrepublik Deutschland, Herr Andreas Meitzner.

Ich freue mich, hier heute teilnehmen zu dürfen und möchte mich im Namen meiner Frau und meiner Familie bei der Kommune Haderslev, dem Botschafter Israels und dem Botschafter der Bundesrepublik Deutschland ganz herzlich für diese besondere Veranstaltung bedanken.

Gustav Schröder, 1885 in Hadersleben geboren, war mein Großonkel. Er heiratete 1921 die Schwester meines Großvaters mütterlicherseits. Mit seiner Familie, Sohn Rolf wurde 1923 geboren, lebte er von 1921 bis 1933 in dem Haus der Familie. Dieses bewohnen wir heute noch.

Der Sohn Rolf Schröder litt an einer fortschreitenden Krankheit, war leider geistig und körperlich behindert. Im Sprachgebrauch der Nazis „unwertes Leben“. Die Eltern bewahrten ihn, auch mithilfe anderer, aufopferungsvoll vor dem Zugriff der Nazis und der Euthanasie bis zum Kriegsende.

Gustav Schröder ist hier in Hadersleben zur Schule gegangen. Nachdem er die 10. Klasse erfolgreich absolviert hatte, entschloss er sich mit Billigung seiner Eltern, zur See zu fahren. Zu diesem Zeitpunkt maß er gerade 1,45 m und wog 32,5 Kilogramm.

1902 kam er mit zwei Kameraden aus Hadersleben nach Hamburg und musterte auf dem Segelschulschiff „Großherzogin Elisabeth“ an. Gemeinsam wollten die drei von der Kleinstadt in die weite Welt. Sie träumten von großen Segelschiffsfahrten: Weltumsegelung, Südsee, Honolulu, Kap Horn ...

Jürgen Glaevecke bei seiner Ansprache im Haderslebener Rathaus FOTO: S. MATLOK

Nach einem Jahr Segelschulschiff fuhr er als Leichtmatrose auf dem Schnelldampfer „Deutschland“ der Hapag, hatte dort eine Begegnung mit Albert Ballin, Generaldirektor der Hapag und jüdischer Abstammung, mit nachhaltiger Wirkung: Ballin versprach ihm eine Anstellung bei der Hapag.

Danach fuhr er auf verschiedenen Frachtenseglern samt mehrerer Kap-Horn-Umsegelungen.

1909 bis 1911 fuhr er in Ostasien auf Dampfern der Jebsen Reederei aus Apenrade. Aus dieser Zeit stammt auch ein Skizzenbuch mit feinen Zeichnungen. Es ist in der Ausstellung zu sehen. Ein besonderer Dank der Reederei Jebsen, die diese aus ihrem Archiv zur Verfügung gestellt hat!

In seinem 1958 in Hadersleben bei W. L. Schütze gedruckten Buch „Meer und Wald“ weist Gustav Schröder auf die engen Beziehungen zwischen seinem Vater und dem Apenrader Reeder Jebsen hin, der ihm diese vorübergehende Stellung an der China-Küste anbot. Auch dies eine Schlüsselstelle im humanistischen Verständnis des Gustav Schröder. Über das Leben als 2. Steuermann an Bord des Dampfers „Germania“ schreibt er: „Ich merkte, dass es auf dem Dampfer einen traditionellen Stil gab, der bestimmt auf den Gründer der Reederei, Kapitän Jebsen, zurückging, ein Stil, der Sicherheit und Ordnung bei weitgehender Toleranz verbürgte und aus jedem Schiff eine schwimmende Burg des Friedens und der Harmonie machte.“

Nach Erwerb des Steuermannspatentes wurde er, wie von Albert Ballin versprochen, 1912 von der Hapag eingestellt und fuhr bis 1914 auf Trampfahrt. Bei Beginn des Ersten Weltkrieges wurden das Schiff und die gesamte Besatzung in Kalkutta festgesetzt. Im Internierungslager blieb Gustav Schröder bis 1919. Auch hier bewies er Teamgeist und Verantwortung. Er organisierte u. a. eine Sportgruppe, einen Chor, ein Orchester, er gab Sprachunterricht, lernte selbst eifrig Sprachen und richtete mithilfe eines zufällig in seine Hände gelangten Fernrohres eine Sternwarte ein. 1919 wurde er nach Nordschleswig entlassen.

> Gustav Schröder hat sich im Laufe seines Lebens zu einem Menschen entwickelt, der sich anderen Kulturen, Sprachen, Religionen und auch der Natur offen zuwandte

1921 begann er wieder, für die Hapag auf Frachtschiffen zu fahren, bis er 1936 zum Kapitän ernannt wurde.

Sein erstes Passagierschiff als Kapitän war 1937 der Vergnügungsdampfer „Oceana“.

Gustav Schröder war dann einer der zahlreichen Kapitäne, die Kreuzfahrtschiffe in Europa und Amerika führten.

Am 24. Januar 1939 wurde er zum Kapitän der „St. Louis“ ernannt. Mit diesem Schiff startete er am 13. Mai 1939 in Hamburg die Fahrt mit 937 jüdischen Emigranten in Richtung Havanna. Alle Passagiere verfügten über gültige Einreisepapiere für Kuba. Als die „St. Louis“ Pfingsten 1939 in Havanna ankam, wurden die Papiere jedoch wegen geänderter Einreisebestimmungen nicht anerkannt. Nur 28 Passagiere durften einreisen.

Kapitän Schröder versuchte mit allen ihm zur Verfügung stehenden Mitteln, trotzdem eine Landung zu erreichen. Vergeblich. Er ließ das Schiff einige Tage zwischen Kuba und Florida kreuzen. In dieser Zeit versuchten er und verschiedene Organisationen, auch eine Landeerlaubnis in Amerika zu erreichen. Es gelang nicht. Auch andere Länder hielten ihre Grenzen für die Flüchtlinge geschlossen.

Aus Hamburg erhielt Gustav Schröder die Order, unverzüglich nach Cuxhaven zu fahren. Dieses hätte zwangsläufig die Verhaftung aller Passagiere bedeutet. Kapitän Schröder wollte das mit allen Mitteln verhindern und plante schon eine vorgetäuschte Havarie an der englischen Kanalküste.

Schließlich erreichte das Joint Komitee in Paris im letzten Moment eine Landeerlaubnis in Antwerpen. Die „St. Louis“ konnte am 17. Juni 1939 in Antwerpen anlegen. Die Passagiere wurden von Frankreich, Belgien, den Niederlanden und Großbritannien aufgenommen. Über 650 Passagiere konnten sich in Freiheit retten, 254 gerieten wieder in die Fänge der Nazis und haben leider nicht überlebt.

Kapitän Schröder ist es zu verdanken, dass die Rettung dieser Menschen möglich war.

Gustav Schröder hat sich im Laufe seines Lebens zu einem Menschen entwickelt, der sich anderen Kulturen, Sprachen, Religionen und auch der Natur offen zuwandte.

Nach Beendigung seiner Laufbahn bei der Hapag wechselte er 1940 zur Seewarte und wurde 1945 als Oberregierungsrat pensioniert. Er betätigte sich als Schriftsteller und beteiligte sich an etlichen kulturellen Veranstaltungen in der Stadt.

Gustav Schröder starb 1959 und fand seine letzte Ruhe auf dem Friedhof in Hamburg Nienstedten.

In seiner Wahlheimat Hamburg wurden ein Park und eine Straße nach ihm benannt. An den Landungsbrücken wurde zudem eine Gedenktafel zur Erinnerung an die Fahrt der „St. Louis“ angebracht. Er erhielt das Bundesverdienstkreuz. In Yad Vashem wurde er auf Betreiben des ehemaligen Passagiers Herbert Karliner in den Kreis der „Gerechten unter den Völkern“ aufgenommen.

Die Stadt Hadersleben und unsere Familie können stolz auf diesen Helden sein!

Vielen Dank für Ihre Aufmerksamkeit.

Einige Wochen später bekam ich sogar einen Brief vom Stammsitz der aus Apenrade stammenden Reederei Jebsen in Hongkong, für die Schröder in jungen Jahren gefahren ist. Das Schreiben ist von Hans-Michael Jebsen unterzeichnet und mit einer Einladung, sich im Sommer in Apenrade zu treffen, versehen.

Höhepunkt war am 12. Mai 2019, zum achtzigsten Jahrestag des Auslaufens der St. Louis, ein Gedenkgottesdienst in der Altonaer St.-Trinitatis-Kirche. Das war ein ergreifender Morgen – der Seemannspastor hat Passagen aus Gustav Schröders Buch »Heimatlos auf hoher See« verlesen und der Gemeindepastor dazu passende Stellen aus dem Alten Testament zitiert.

DIE GRÜNFLÄCHE AN DER ALTONAER ST.-TRINITATIS-KIRCHE WURDE IN »GUSTAV-SCHRÖDER-PARK« UMBENANNT.

Der Park um die Kirche, in dem nun auch ein schwerer Anker liegt, ist zum »Gustav-Schröder-Park« benannt worden. Seit über einem Jahr hatte ich mich darum bemüht, nun hat dem auch die Bezirksversammlung zugestimmt. Den Anker konnte das Bezirksamt mit Hilfe des Internationalen Maritimen Museums in Bremerhaven erstehen.

Meine Frau und ich freuen uns sehr, dass Gustav Schröder so lange nach seinem Tod die Ehren zuteilwerden, die er sich durch seine mutigen Taten und seine große Menschlichkeit verdient hat.

JÜRGEN GLAEVECKE NEBEN DEM ANKER, DER MIT HILFE DES INTERNATIONALEN MARITIMEN MUSEUMS HAMBURG IM PARK AUFGESTELLT WURDE.

AUTOR MANFRED UHLIG (LINKS)
UND DER ST.-LOUIS-PASSAGIER
SOL MESSINGER IN NEW YORK.

MANFRED UHLIG

»Die Gesichter rührten mich an«

Manchmal ist es ein einziges Foto, das eine ganze Geschichte auslöst. In diesem Fall war es das Bild der Menschen an Bord, die vom Deck nach Havanna blickten – für sie unerreichbar. Das Foto lag in einem Umschlag, mit einem halben Dutzend weiterer Bilder, in einem Karton mit der Aufschrift St. Louis. Ein Archivar der Hapag hatte es dort offenbar vor vielen Jahren abgelegt, zusammen mit zwei Briefen, die ein Besatzungsmitglied lange nach der Fahrt nach Havanna an die Reederei geschrieben hatte.

Mit Martina Fähnemann, der Archivarin der Hapag, war ich in den Keller des traditionsreichen Reedereigebäudes an der Hamburger Binnenalster gestiegen. Auf der Suche nach aussagekräftigen Fotos zur Geschichte der Hapag – ich arbeitete gerade an einem Dokumentarfilm über das Schifffahrts-Unternehmen.

Das war im Sommer 2014. Eigentlich ein ganz anderes Thema. Doch die Gesichter der Passagiere auf dem Foto, die das Schiff in Havanna nicht verlassen durften – keiner wollte sie haben –, rührten mich an. Vielleicht, weil ich Fotos der ersten Bootsflüchtlinge auf dem Mittelmeer im Kopf hatte. Ich recherchierte die Geschichte der St. Louis. Im Internet fand ich viel über die Reise, über die Passagiere, aber wenig über den Kapitän. Wer war dieser Mann, der half, über 900 jüdischen Passagieren das Leben zu retten?

Ich wusste, dass Gustav Schröder die größte Zeit seines Lebens in Hamburg gelebt hatte – sein Grab befindet sich auf dem Friedhof Nienstedten. Gibt es vielleicht noch jemanden, der das Grab pflegt? Ich fragte bei der Kirchengemeinde nach, hinterließ eine Nachricht mit meiner Telefonnummer: NDR-Journalist recherchiert über Kapitän Schröder – bitte melden. Einige Wochen später kam tatsächlich ein Anruf: »Mein Name ist Jürgen Glaevecke. Ich habe gerade das ehemalige Haus von Kapitän Schröder von meiner Mutter geerbt. Da gibt es eine Reihe von Fotos und Dokumenten. Kommen Sie doch mal vorbei.«

Es war einer dieser ganz seltenen Glücksfälle im Berufsalltag eines Journalisten. Da lag das komplette Leben des Mannes, nach dem ich suchte, ausgebreitet vor mir: Briefe, Fotos, Lebenserinnerungen, Fragmente von Manuskripten – und nicht nur das: Spielzeug seines Sohnes, sein Fernglas, sein Globus, seine Musiktruhe, seine Schallplatten – alles, was ich brauchte, um einen Film zu drehen. Jetzt fehlte nur noch die Finanzierung.

Ich hatte inzwischen durch eine Internetrecherche herausbekommen, dass es noch Überlebende der Irrfahrt gibt – verteilt über mehrere Kontinente. Sie zu besuchen, sie zu filmen, würde teuer werden. Die Realisation eines Dokumentarfilms ist kostspielig: Kameraleute, Tonassistenten, Cutter, Sprecher müssen bezahlt werden, dazu kommen ein Schnittraum, ein Tonstudio, die Farbkorrektur, die Grafiken, die Titelsetzung, das Archivmaterial. Meine Auftraggeber, NDR-Redakteure, machen sich deswegen die Entscheidung für ein Thema nicht leicht. Sie wollen sicher sein, dass die Geschichte gut ist, sich realisieren lässt, bei den Zuschauern ein Erfolg wird. Um den Zuschlag für dieses Projekt zu bekommen, würde ich harte Überzeugungsarbeit leisten müssen.

Dokumentarfilmer brauchen in diesem Fall einen Verbündeten, der Teile der Recherche vorfinanziert: eine Produktionsfirma. Seit Jahren arbeite ich mit der Producerin der Hamburger Produktionsfirma docstation, Brigitta Schübeler, vertrauensvoll zusammen. Es ist ein Geben und Nehmen. Mal hat sie eine Themenidee, mal ich. In diesem Fall reichte ein Anruf, und ich hatte ein Flugticket nach England in der Tasche. Dort leben Gisela Friedman und ihre Schwester Sonja Sternberg, zwei hochbetagte Überlebende der St. Louis. Mein Plan: Ich wollte sie interviewen und mit diesem Material den Leiter der NDR-Geschichtsredaktion, Marc Brasse, für den Film gewinnen. Doch wie würden die beiden jüdischen Damen einen Journalisten aus Deutschland aufnehmen? Sie wollten lange Zeit nichts mit dem Land zu tun haben, das verantwortlich für den Tod ihres Vaters war. Sie wollten nicht in ihr Geburtsland zurück, sie hatten Angst, bei einer Zufallsbegegnung auf der Straße in die Augen eines Mörders zu blicken.

Die Reise wurde ein Erfolg. Menschlich, weil ich auf zwei liebenswerte Gesprächspartnerinnen traf, die mich in ihrem Reihenhaus in Manchester gastfreundlich empfingen; journalistisch, weil die beiden über 90 Jahre alten Damen über ein erstaunliches Erinnerungsvermögen verfügten. Sie konnten sich auch noch nach fast 80 Jahren nach der Abfahrt an den Hamburger Landungsbrücken an kleinste Details der Reise erinnern. Und sie waren gut vernetzt, kannten weitere ehemalige Passagiere. Es war der Stoff, aus dem berührende Dokumentarfilme entstehen können. Ich präsentierte die Interviews dem NDR, unser Projekt bekam den Zuschlag. Ich konnte mit der eigentlichen Recherche und den Dreharbeiten beginnen.

Für die Protagonisten und Protagonistinnen wollte ich viel Zeit haben, wollte sie kennenlernen, bevor ich sie für den Film interviewen würde. Ich erwartete schwierige Situationen, Ressentiments einem Journalisten gegenüber, dessen Großelterngeneration zum Tätervolk gehörte. Nichts von meinen Befürchtungen traf ein – im Gegenteil: Ich hatte das Gefühl, dass sich meine Gesprächspartner darüber freuten, zu wissen, dass sich ein Deutscher für ihr Schicksal interessierte. Dass er helfen wollte, die Irrfahrt der St. Louis aus der Vergessenheit zu holen. Allen Überlebenden gemeinsam: die Verletzung darüber, dass mein Heimatland sie vertrieben hatte, die Trauer über Freunde und Verwandte, die die Flucht nicht geschafft hatten; aber auch das Unverständnis darüber, dass sie von vielen Ländern in einer Notsituation abgewiesen worden waren.

Schwieriger, als Überlebende zu finden, war die Suche nach Archivfotos und -filmen. Die Reisenden wurden bei ihrer Einschiffung fotografiert, hielten dann aber nur die ersten Tage ihrer Überfahrt mit dem Fotoapparat fest – als sich die Seereise für sie noch wie eine Vergnügungsfahrt anfühlte. Über den zweiten Teil der Reise, die dramatische Irrfahrt und die Rückfahrt nach Belgien, fand ich so gut wie kein Archivmaterial. Die Passagiere hatten andere Sorgen, als Erinnerungsfotos zu knipsen. Unser einziger Fund: ein Filmschnipsel von der Ankunft in Antwerpen.

Umso wichtiger wurden für unseren Film die Erinnerungen der ehemaligen Passagiere; mit einigen bin ich noch heute in Kontakt. Ein Satz über den Kapitän der St. Louis bleibt mir dabei besonders im Ohr. Herbert Karliner, der als Junge auf der Reise dabei war, wiederholt ihn bei jedem unserer Telefonate: »Gustav Schröder hat unsere Angst verstanden – er hat uns geholfen, er war ein Mensch.«

Im Jahr 2018 wurde die vielbeachtete Dokumentation über die »Irrfahrt der St. Louis« vom Norddeutschen Rundfunk gesendet.

➢ KERSTIN VON STÜRMER

»Gegen das Vergessen«

NDR-REDAKTEURIN KERSTIN VON STÜRMER.

Auch beim »Hamburger Hafenkonzert« spielt ein Schiff eine wichtige Rolle: Diese älteste regelmäßig ausgestrahlte Radiosendung der Welt wurde am 9. Juni 1929 zum ersten Mal ausgestrahlt – von Bord des Hamburg-Süd-Frachters ANTONIO DELFINO aus dem Hamburger Hafen.

Seit nunmehr 90 Jahren erzählen wir im Hamburger Hafenkonzert Geschichten von Schiffen. Hinter diesen berühmten Namen wie TITANIC, ESTONIA oder auch GORCH FOCK sind es vor allem die Menschen, die Kapitäne und Besatzungen, die die Geschichten und die Geschichte schreiben.

Die erste Beschäftigung mit dem Thema ST. LOUIS und Gustav Schröder fand im ganz profanen Redaktionsablauf statt: Im Frühherbst eines jeden Jahres findet sich eine große Hafenkonzert-Redaktionskonferenz zusammen, die über wichtige Jubiläen und Themen des kommenden Jahres berät. Darunter war Ende 2018 auch der 80. Jahrestag des Ablegens der ST. LOUIS in Hamburg, der Termin 13. Mai 1939. Mitten in der aktuellen Beschäftigung mit Flüchtlingen holt uns Redakteure in diesem Moment die Vergangenheit ein. Das, was damals im Atlantik vor Kuba und den USA passierte, ist heute, 80 Jahre später, wieder schrecklicher Alltag. Menschen fliehen über das Meer, und keiner will sie aufnehmen, will sie in sichere Häfen lassen.

Vor allem die Ereignisse heute ließen uns sehr schnell entscheiden, dass wir die Reise der St. Louis heute den Menschen in dieser Stadt wieder in Erinnerung rufen müssen. Zu nah ist das Geschehen von damals an dem, was heute auf den Ozeanen dieser Welt mit Flüchtlingen passiert.

Dazu kam, dass der NDR-Fernsehautor Manfred Uhlig für seine Dokumentation so akribische und wunderbare Vorarbeit geleistet hatte. Er hatte Zeitzeugen gefunden, hatte sie unter anderem in Großbritannien besucht und jede Menge Interviewmaterial mitgebracht, aus dem wir Radioleute jetzt schöpfen konnten. Ohne ihn hätte es dieses Hamburger Hafenkonzert im Mai nicht gegeben.

Stefan Lipsky hat schließlich die Geschichte aufgeschrieben und die Zeitzeugen noch einmal zu Wort kommen lassen. Dazu kam die Spurensuche in Hamburg: Jürgen Glaevecke, der Großneffe des Kapitäns Gustav Schröder, lebt in Klein Flottbek im Schröder-Haus. Er konnte nicht nur eigene Eindrücke beisteuern, sondern lieferte auch Papiere aus dem Nachlass seines Großonkels. So entstanden im Mai in Gemeinschaftsarbeit von NDR 90,3 mit dem NDR Fernsehen und mit Stefan Lipsky diese zwei Stunden Radio.

NR 23 ERSCHEINT WÖCHENTLICH · AUSGABE B HAMBURG · 6. JAHRG. 7. JUNI 1929. 30 PF.
MIT DEN AUSFÜHRLICHEN AUSWÄRTIGEN PROGRAMMEN

Die Norag

OFFIZIELLES ORGAN DER SENDER HAMBURG · KIEL · HANNOVER · BREMEN · FLENSBURG

Das Hamburger Hafenkonzert

beginnt am 9. Juni auf dem Hamburg-Süd-Dampfer „Antonio Delfino"

Das Hamburger Hafenkonzert

Die Direktion der Nordischen Rundfunk A.-G. hat in ihr Programm eine neue Veranstaltung aufgenommen, und zwar ein Frühkonzert, das jeden Sonntagmorgen von 7,00 bis 8,15 Uhr unter dem Titel:

„Das Hamburger Hafenkonzert"

von einem im Hafen liegenden Ozeandampfer übertragen wird. Das Programm beginnt um 7 Uhr mit der Übertragung des **gesamten Geläuts vom „Großen Michel"**, dem Wahrzeichen der deutschen Seefahrer. Um 7,05 Uhr wird das Konzert, und zwar am Sonntag, dem 9. Juni, vom Dampfer **„Antonio Delfino"** der Hamburg-Südamerikanischen Dampfschifffahrtsgesellschaft übertragen. Dieses erste Konzert steht unter der musikalischen Leitung von Obermusikmeister a. D. Reinhold **Bartsch**, der auch das Konzert am 16. Juni, das die Norag vom Dampfer **„Cap Polonio"** überträgt, leiten wird. Wir begrüßen diesen Entschluß der Direktion der Nordischen Rundfunk A.-G. aufs wärmste und nehmen mit Bestimmtheit an, daß die Übertragung eines solchen Konzerts aus dem Hamburger Hafen werbend für Hamburg und seinen Hafen wirken wird.

Schluß der Spielzeit im Hamburger Stadttheater

Am 15. Juni 1929 schließt die Spielzeit im Hamburger Stadttheater. Als letzte Uebertragung aus dem Stadttheater wird die Norag die Aufführung der Oper **„Sly"** von Ermanno Wolf-Ferrari übertragen. Vom Stadt-Theater Hannover werden im Laufe dieses Monats noch zwei Opern übertragen, nämlich die beiden Opern von Richard Strauß **„Die ägyptische Helena"** (am 18. Juni) und der **„Rosenkavalier"** (am 27. Juni).

Richard-Wagner-Abend

Wir machen an dieser Stelle ausdrücklich darauf aufmerksam, daß der Richard-Wagner-Abend, der am Freitag, dem 14. Juni, um 20,15 Uhr aus dem großen Saale der Musikhalle unter Leitung von Generalmusikdirektor José Eibenschütz übertragen wird, **nicht öffentlich** ist.

Übertragung auswärtiger Sender

[illegible]

Der Doppelschrauben-Schnellpostdampfer „Antonio Delfino" der Hamburg-Südamerikanischen Dampfschifffahrtsgesellschaft, 14 000 Brutto-Registertonnen, von dem aus die Norag ihr erstes Hamburger Hafenkonzert am Sonntag, dem 9. Juni, von 7,00 bis 8,15 Uhr, überträgt.
Phot. Carl Müller & Sohn.

Hamburger Hymne

Von Hermann Claudius.

Deiner Kräne Riesenarme betreu'n dir zu Füßen das Meer.
Dein Atem geht vollgeruhig, sicher und arbeitsschwer.
Dein Wort und Wille wandert unaufhaltsam wie Ebbe und Flut.
Nordisch karg ist dein Lachen und langsam dein Blut.
Hamburg!

Ewig kämpfst du den währenden, gärenden Kampf zwischen Herren und Knecht.
Kämpf du ihn seegeweiteten Blickes heilig und recht.
Tausend Lichter in deinem nächtlichen Hafen schwanken und glühn.
Abertausend schwielige Arbeiterhände sich mühn.
Hamburg!

Sie heben der Tropen bunte Frachten an deinen begehrlichen Strand.
Yokohama, Peking, Rio, Frisco und Samarkand.
Abertausend Leben vergehn für dich in tagtäglicher Fron.
Vaterstadt, wisse um jedes als um deinen eigenen Sohn.
Hamburg!

In deinen Lagerhallen über deine Kisten und Ballen bricht sich ein [illegible] Licht.
Deine altstolzen Türme Sankt Peter, Sankt Niklas, Sankt Michel wissen [illegible] nicht.
[illegible]

Volpi singt!

Der erste Tenor der Mailänder Scala Giacomo Laurin Volpi gibt am Donnerstag, dem 13. Juni 1929, in der Berliner Philharmonie um 20,00 Uhr ein Konzert, das von der Berliner Funkstunde übertragen wird. Die Norag hat sich entschlossen, das Konzert dieses weltberühmten Sängers für alle ihre Sender zu übernehmen.

Programm-Aenderungen

Es läßt sich des öfteren wegen plötzlich eintretender aktueller Uebertragungen oder Veranstaltungen anderer Art, wie z. B. kürzlich die Uebertragung der Oper „Aida" aus der Berliner Staatsoper, deren Abschluß erst im letzten Augenblick getätigt werden konnte, nicht vermeiden, daß das veröffentlichte offizielle Programm der Nordischen Rundfunk A.-G. umgestoßen werden muß. Soweit derartige Programmänderungen bis zum Redaktionsschluß unserer Schriftleitung vorliegen, werden die Aenderungen stets

auf der ersten Seite unserer Zeitung

veröffentlicht. Später eintretende Programmänderungen können naturgemäß in unserer Zeitung nicht mehr berücksichtigt werden. Wir machen unsere Leser jedoch darauf aufmerksam, daß derartige Aenderungen im Programm stets sowohl an bevorzugter Stelle in der **aktuellen Stunde** als auch des öfteren während der Sendung am Tage durchgesprochen werden. Wir empfehlen daher unsern Lesern, sich die aktuellen Stunden, die sich stets an das Abendprogramm anschließen, zu beachten. Im übrigen aber können unsere Leser versichert sein, daß wir sie, soweit das überhaupt nur in unserer Macht steht, stets auf dem laufenden halten werden.

Beherrscht die Mode den Absatz?

In der Behandlung des Themas „Verbrauch", dessen sich die „Schule zur Weltwirtschaft" angenommen hat, ist die Frage nach der Beeinflussung des Marktes durch die Mode von sehr großer Bedeutung. Jedenfalls erhöht der Wechsel der Mode die Konkurrenz und vergrößert so die Schwierigkeiten im Absatz. Andererseits liegt ein Anreiz zum Kaufen in der Veränderlichkeit des Objekts. Das „wirtschaftliche Zwiegespräch" am Sonntag, dem 9. Juni, um 11.30 Uhr beschäftigt sich eingehend mit diesem Thema.

Die Entwicklung des Bedarfs

Was früher als Luxus galt, ist heute längst allgemeines Gebrauchsgut geworden. Die fortschreitende Technik steigert die Bedürfnisse der Menschheit in demselben Maß, wie sich die Ware durch Massenherstellung verbilligt. Diese Gedankenfolge hat Dr. L. Landshut seinem Vortrag, den er am Dienstag, dem 11. Juni, um 19.25 Uhr im Rahmen der „Schule zur Weltwirtschaft" halten wird, zugrundegelegt. Er wird den Weg des Warengutes vom Luxus zum Massenkonsum beschreiben.

Programmvorschau

Die Norag bringt am Sonntag, dem 16. Juni, um 20.15 Uhr [illegible]

DAS ERSTE »HAMBURGER HAFENKONZERT« WURDE 1929 VON BORD DER ANTONIO DELFINO ÜBERTRAGEN.

Das Hamburger Hafenkonzert hat sich in den neun Jahrzehnten seines Bestehens immer wieder mit der Hamburger und der norddeutschen Geschichte beschäftigt. Neben der aktuellen Berichterstattung über Schifffahrtsthemen sehen wir dies als unseren Auftrag an. Ob Matrosenaufstand in Kiel und Hamburg, ob Dokumentationen zur Flut im Norden 1962 oder auch die Geschichte der großen Hamburger Werften – all das ist unsere norddeutsche Geschichte, das Leben und Arbeiten unserer Vorfahren. Und gerade Gustav Schröder ist mahnendes Vorbild für Zivilcourage, für Mut und besonnenes Handeln zum Wohle seiner Schutzbefohlenen, der jüdischen Passagiere an Bord seines Schiffes.

Wir Hamburger Radioleute verneigen uns mit unserer Sendung vor Gustav Schröder. Dieses Hamburger Hafenkonzert soll Erinnerung und Mahnung zugleich sein – gegen das Vergessen!

➢ MARC BRASSE

»Ein Stoff, zwei Filme – warum auf die Dokumentation ein Dokudrama folgt«

Voller Zuversicht verlassen über 900 jüdische Flüchtlinge 1939 den Hamburger Hafen. Endlich Nazi-Deutschland hinter sich, die Freiheit vor sich. Ein Visum für Kuba verspricht ein Leben ohne Angst. Doch Havanna verweigert die Einreise. Auch Washington lässt die St. Louis nicht in einen sicheren Hafen. Die Fahrt in die Freiheit gerät zur Odyssee auf dem Atlantik. Ein Kapitän steht im Mittelpunkt der Ereignisse auf hoher See. Gustav Schröder muss Entscheidungen treffen. Für sich. Für die Reederei. Für seine Passagiere an Bord. Und dabei muss er eine Gewissensfrage beantworten: Wie bleibe ich Mensch?

2019 jährt sich diese Geschichte zum 80. Mal. Inmitten einer europäischen Flüchtlingskrise und aufkeimendem Antisemitismus wirken die Ereignisse an Bord der St. Louis erschreckend aktuell. Der NDR widmet sich diesem Thema in zwei Darstellungsformen. Als klassische Dokumentation 2018 im NDR-Fernsehen und als historisches TV-Event in der ARD, das im Oktober 2019 zur besten Sendezeit ausgestrahlt werden wird.

Die Geschichtsredaktion im NDR entwickelte dazu, zusammen mit den KollegInnen vom SWR, RBB und HR, ein sogenanntes Doku-Drama. Dieser Mix aus authentischen Spielszenen, beeindruckendem Archivmaterial und Interviews mit Zeitzeugen macht das historische Ereignis nicht nur begreifbar. Geschichte wird lebendig, die Ereignisse an Bord der St. Louis werden durch das geschickte Verzahnen der unterschiedlichen filmischen Darstellungsformen nachvollziehbar. Das Drehbuch basiert auf Gustav Schröders Tagebucheintragungen. Aus der Dokumentation wird so ein packender Stoff in Spielfilmqualität.

Um eine große Authentizität zu erreichen, wurde auf einem historischen Schiff in Portugal gedreht. Für die Rolle des Kapitäns Schröder konnte der bekannte Theater- und Filmschauspieler Ulrich Noethen gewonnen werden. Produzent dieses historischen TV-Events ist die UFA-Fiction, die durch Filme wie »Unsere Mütter, unsere Väter«, »Charité« und die Serie »Ku'damm 56« einen exzellenten Ruf im Bereich der historischen TV-Movies genießt.

Historische Themen gehören für die Zuschauer zum Kernauftrag des öffentlich-rechtlichen Fernsehens. Und sie sind erwünscht. Die Darstellungsform des Dokudramas wird dabei immer populärer und hat im NDR eine lange Tradition. Daher war es der Geschichtsredaktion im Haus ein Anliegen, diesen packenden Stoff in gleich zwei Darstellungsformen für die Zuschauer umzusetzen.

DREHARBEITEN IN LISSABON AUF DEM PASSAGIERSCHIFF FUNCHAL: MIT DEM SCHAUSPIELER ULRICH NOETHEN IN DER HAUPTROLLE ALS KAPITÄN SCHRÖDER.

➢ »NONE IS TOO MANY«

Unter diesem Motto wies Kanada 1939 ein Schiff mit 937 jüdischen Flüchtlingen ab. Es war die ST. LOUIS. Daran erinnerte jetzt Kanadas Premier Justin Trudeau. Vor dem kanadischen Unterhaus richtete er eine Entschuldigung an die jüdischen Flüchtlinge, die Kanada vor achtzig Jahren abwies. »Wir entschuldigen uns auch bei all jenen, die den Preis für unser Nichtstun bezahlt haben. Die wir zu dem Horror der Todeslager verdammt haben.«

Justin Trudeau,
Kanadas Premierminister,
am 7. November 2018
im Parlament von Ottaw

KANADAS PREMIERMINISTER JUSTIN TRUDEAU UND ANA MARIA GORDON, DIE ALS VIERJÄHRIGE AUF DER ST. LOUIS MITGEFAHREN IST.

➤ »ICH EMPFINDE TRAUER«

»Ich empfinde Trauer darüber, daß viele der Armen, die sich in Frankreich, Holland und Belgien in Sicherheit glaubten, später durch den wahnsinnigen Krieg doch noch in die Hände von Verbrechern fielen und umkamen. Der Gedanke, daß es Menschen gegeben hat, die erst im KZ waren, dann die Passionsfahrt der St. Louis mitmachten, um schließlich im KZ elendig zu verenden, ist mehr als bedrückend.«

Gustav Schröder,
Kapitän, in seinen Aufzeichnungen

SEIN SCHIFF IST EIN SCHWARZES AUSGEBRANNTES WRACK, VON IHM BLICKT KAPITÄN GUSTAV SCHRÖDER IN DEN HAMBURGER HAFEN.

LITERATURVERZEICHNIS

Alberts, Klaus, »Weg in den Abgrund«, in: Die »Reichskristallnacht« in Schleswig-Holstein, herausgegeben von Rainer Hering, Kiel 2016

Benz, Wolfgang, Die Juden in Deutschland 1933–1945, München 1993

Burmester, Heinz, Aus dem Leben des Kapitäns Gustav Schröder, Bremerhaven 1991

Hofer, Walther, Der Nationalsozialismus, Dokumente 1933–1945, Frankfurt/M. 1957

Gordon, Thomas/Witts, Max Morgan, Voyage of the Damned, Old Saybrook, 1974

Kershaw, Ian, Höllensturz, Europa von 1914 bis 1949, München 2016

Kludas, Arnold, Die Geschichte der deutschen Passagierschiffahrt, Hamburg 1994

Krieger, Martin/Lubowitz, Frank/Frandsen, Steen Bo, 1200 Jahre deutsch-dänische Grenze, Neumünster 2013

Mautner Markhof, Georg J.E., Das St. Louis-Drama, Graz 2001

Reinfelder, Georg, MS »St. Louis«. Frühjahr 1939 – Die Irrfahrt nach Kuba, Teetz 2002

Rønne, Bent Vedsted, »Gustav Schröder – ein Nordschleswiger an den Brennpunkten der Welt 1939«, in: Grenzfriedenshefte 1/2019, Flensburg 2019

Schröder, Gustav, Fernweh und Heimweh, Potsdam 1943

Skovmand, Roar/Dybdahl, Vagn/ Rasmuseen, Erik, Geschichte Dänemarks 1830–1939, Neumünster 1973

von Soden, Kristine, »Und draußen weht ein fremder Wind ...«, Berlin 2016

Wiborg, Susanne/Wiborg, Dr. Klaus, »Unser Feld ist die Welt – 150 Jahre Hapag-Lloyd«, Hamburg 1997

BILDNACHWEIS

Brasse, Sammlung
Seite 152

Cusian, Albert
Seite 94/95, 110/111, 113, 114/115, 125, 127, 156/157

Glaevecke, Jürgen
Seite 10, 122 (unten), 130/131

Glaevecke, Sammlung
Seite 11, 12, 13, 14, 17, 18, 19, 21 (2), 22, 23, 24 (2), 26 (3), 27 (2), 44, 47, 54 (links), 69, 81, 85, 87, 112 (2), 116, 117, 118, 119, 120, 121, 136, 140, 144, 145

Hapag-Lloyd, Archiv
Seite 3, 4/5, 25, 28/29, 30, 31, 32/33, 34/35, 43, 46, 52/53, 90/91, 160

Hensel, Kurt
Seite 92/93

Karadi Nursoo & Sons, P.
Seite 20

Lipsky, Stefan
Seite 100, 101 (2), 122 (oben links und rechts), 123, 134, 137, 141

NDR, Archiv
Seite 150, 151

NDR/Dollmann, David
Seite 153 (2)

Radlmaier, Steffen, Sammlung
Seite 38 unten

Tagesschau/picture alliance REUTERS
Seite 154/155

The Estate of Emil Bieber/Klaus Niermann
Seite 16

Uhlig, Manfred
Seite 102 (2), 132, 133, 135

Uhlig, Sammlung
Seite 36, 37, 38, 51, 55 (rechts), 98/99, 104/105, 106 (2), 107, 146

United States Holocaust Memorial Museum, Washington
Seite 8, 9, 37 oben, 38, 49, 50, 54/55, 57, 58, 59, 62, 65, 77, 82 (3), 83, 84, 108, 139

Nicht bei allen Abbildungen konnten die Inhaber der Bildrechte ermittelt werden.

Der Verlag bittet freundlich um Kontaktaufnahme: Maximilian Verlag, Stadthausbrücke 4, 20355 Hamburg.

DIE ST. LOUIS BEIM AUSLAUFEN AUS DEM HAMBURGER HAFEN – STRAHLEND WEISSE AUFBAUTEN, EIN ELEGANTES SCHIFF, DAS BEI PASSAGIEREN IN DEUTSCHLAND UND DEN VEREINIGTEN STAATEN SEHR BELIEBT IST.